근로현장에서의
나쁜 사람
구별하는 방법

목 차

제1장

약육강식

01
죄의식을 부정하는 나쁜 사람

　지금 내가 하는 행동이 선한 것인지 불선한 것인지 알아차리는 능력 유무로 그 사람을 판별하는 것이다. 즉, 본인 자신도 기억의 의식이 확고히 도드라지는 상황에서 타인에게 해를 끼치고 있는데도 정작 본인은 의식하지 못한 채 피해자로 하여금 자꾸만 절망의 구렁텅이로 몰고 가는 경우이다. 차라리 가해자가 변명을 하면서 나쁜 행위를 일삼는다면 그런대로 이 일을 계기로 삼아, 후속 조치를 취하면 되는데 이런 피치 못할 죄의식마저 자기 안에서 싹트기를 부정하는 사람들에게 원칙에 부합하는 긍정 잣대를 가지고 있어도 뭐 유달리 특별하게 본인의 행동 준칙을 바꾸라고 이야기하는 것도 아마 한계가 있지 않을까 한다. 뭐, 그래도 어찌 됐건 법의 처벌을 피할 수는 없을 테지만 말이다. 정말로 이들에게 쉽게 다가가는 길은 없는 걸까? 언제까지 이들에게 그저 당할 수밖에 없는, 죄 없는 피해자들이 앞으로 몇이나 더 속출해야 한단 말인가?

　불행한 죄의식, 아마 과거의 잘못된 양육방식에서 혼선이 빚어졌을 거라 생각은 든다만, 이들을 언제까지고 이대로 방치해 둘 수는 없는 노릇이다. 지금 우리가 살아가고 있는 이 시대를 위해서도 이런 부도덕한 못된 자들이 함부로 고개를 쳐들 수 없도록 국가 차원에서도 대책을 모색해 더 이상 선량한 자들이 피해 보지 않는 정의로운 사회구현을 위해서 정기적인 실태조사를 실시해 나감으로써 이들에게 어울리는 법 규정을 신속히 채택해 나가야 할 것이라고 본다. 이처럼 이들은 자기가 한 행위조차 부정하는 상태에 빠져있기 때문에 남에게 해를 끼쳤는데도, 본인은 즉시, 이것을 외면해버린다.

예를 들어본다면, 장대비가 쏟아지는 시내거리에서 우산을 "쫙"하고 펼치려고 하는 순간, 하필 그 옆에 있는 사람의 눈을 찌르고도 그저 태연하게 미안하다는 말도 없이 물끄러미 그 옆 사람을 지켜본다는 뜻이다. 상황이 급박한 처지에 놓여있는데도 본인은 아랑곳하지 않고 '나는 가마니이니, 쌀가마니답게 그저 가만히 있을 뿐이지요!'라는, 본인만의 망령된 착각에 빠진다는 것이다. 도리어, 여기에서 우산에 눈이 찔린 피해자를 두둔하는 사람들이 이 정황에 대해 따지려고 든다면, 오히려 이 죄의식 없는 자가 하는 말이라곤, '아니, 왜 거기에 서 있느냐'라는, 영혼 없는 무식한 답변뿐이다. 정작 우산을 펼쳐 상대방을 다치게 한 사람은, 이 개념 없는 행동을 취한 자인데 오히려 우산 끝에 눈이 찔린 죄 없는 피해자가 이중으로 고통을 당할 필요가 있겠냐 이 말이다. 이런 몰지각한 자들에게 당하는 충격이란, 원자폭탄에 피폭되어 치료의 희망을 놓아버린 채 서서히 죽기만을 기다려야 하는 공포에 가까울 것이다.

근로현장에서의 나쁜 사람 구별하는 방법

또 다른 예를 들어본다면, 어려서부터 부모에게 남부럽지 않게 귀여움을 받고 자랐으나, 분위기에 따라서 부모가 아이를 대하는 행동방식에 극과 극을 달리는 편차를 보여준다면, 이 아이의 정체성과 가치관에 큰 혼란이 일어나 이후 성인이 되어서도 본인도 알 수 없는 이상증세를 동반하는 등 추스를 수 없는 정체성과 이미 무너져버린 가치관으로 남을 것이다.

여기에서 야기된 무정한 죄의식은, 이후 자기에게 제일 가까이 접해있는 그의 부모에게 이내 방향을 틀 것이다. 호주머니의 돈이 다 떨어져 부모에게 용돈을 타다 쓰는 건 기본이고, 자기 부모가 돈이 없어 자기가 원하는 목적을 달성하지 못하면 무슨 수를 써서라도 기어이 얻어내려고 할 것이다. 심지어 이것조차도 안 될 시에는 서슴없이 최악의 악행을 범해, 결국 스스로 타락의 길을 걸어 나갈 것이다. 문제는 여기에만 국한되지 않고 죄의식이 무디다 보니까, 자기에 대한 반성이 쉽사리 이루어지지 않으니 재범의 우려가 또 있다는 점이다.

이런 본인도 모르는 사이코패스 기질을 치료할 특효약은 없단 말인가? 비단, 이들을 무조건 형벌에 따라 감옥에만 집어넣는 게 능사는 아닐 것이다. 이들이 약정된 기한을 다 채우고 출소하면 또 그전과 같은 형태로 버젓이 활보하면서 다닐 게 뻔하다. 그러면 불안해지는 쪽은, 아무런 빚도, 죄도 없는 선량한 우리 같은 서민들일 것이다. 더욱이 이런 자들에게 원한 살 만한 흉계거리라도 꾸미지 않았는데, 쥐도 새도 모르게 이런 사이코패스 같은 기질을 가진 자들에게 속절없이 당하고만 산다면 죽어서도 그 분, 쉽게 가라앉지 않을 것이다.

그렇다면 이들이 이런 추악하고 더러운 악행을 일삼아도 그저 곧이 곧대로 보고 놔두어야만 한다는 말인가? 물론 그렇게까지 수수방관하며 "내버려두는 게 상책이다"라고, 통합된 목소리로 울려 퍼지게 하지는 않을 것이다. 국가차원에서도 용을 쓰며 노력하고는 있겠지만 우리들의 본성에 차지 않을 것이다. 얼른 이런 사이코패스 기질을 타고난 죄의식을 부인하는 이들을 절규하게 만들, 특단의 대책들이 마구마구 쏟아져 나오길 바랄 것이다. 자기가 하고 있는 행실은 알아차려야, 그래도 사람 구실은 한다고 할 수 있지 않겠는가? 방금 마트에 들어가서 먹을거리 사가지고 계산대를 지나 그 길로 곧장 마트 밖으로 빠져나가려고 하는데, 마트종업원이 가로막아 계산을 요구할 때 이런 죄의식 없는 자가 "저, 아까 전에 돈 냈는데요!"라고 책임감 없이 말한다면 주변사람들 모두 떨떠름한 표정으로 쳐다보지 않겠는가? 지은이가 바라보아도, 당신의 그 정신상태 심히 우려되는 바이다. '이쯤에서 더 이상 허무맹랑한 소리 하지 말고 어디 당신 숨겨놓은 속내 좀 자세히 들여다보자'라고, 따끔한 일침이라도 가하고 싶다.

그럼, 이 끝끝내 죄의식 부정하는 사람들이 나타내는 어떠한 공통된 특징이라도 있는 걸까? 이들을 보고 있노라면 그 의미를 알 수 없게 만드는 초점 흐린 눈빛, 이성적인 판단에도 무언가 결여되어 있는 듯한 모습을 보여주어 아둔한 인상이 머릿속을 스쳐 지나간다. 또 남이 아끼는 소중한 물건을 훔치고도 반성은커녕, 눈 하나 깜빡 안 할 것 같은 썩어빠진 고집불통에, 자기보다 힘없는 약자를 골탕 먹이며 괴롭혀도 죄책감이 없다는 어안이 벙벙한 답변에 과연, 이들에게 알맞은 문책의 회초리는 어떠한 모양으로 골라잡아야 할지도 아리송하게 만든다.

근로현장에서의 나쁜 사람 구별하는 방법

그러나 죄의식 없고 남에게 사과할 줄 모르는 자들이 언제까지나 우리 살아가는 세상을 이리저리 휘휘 저어가며 판치고 돌아다니지는 못할 것이다. 남 앞에 정당하지 못한 행동을 했을 시는, 그에 응당한 벌의 심판을 달게 받아야 할 것이다. 그들이 이 땅에 발을 디디고 서 있는 동안은 언제라도 그들을 속속들이 추려내 영구 추방할지 모르니, 본인 스스로의 행동을 각별히 절제하고 조심해야 할 것이다. 이 죄의식 없는 사람들은 자기 자신이 한 행위들을 알고 있으면서도 뭐가 그리도 부족한 게 많은지 한 번 건드린 사람, 고작 한 번 괴롭힌 걸로는 기분에 차지 않아, 또 자신의 힘을 과시하면서 영락없이 약자를 상대로 가혹행위 가하는 재미에 푹 빠진다. 이들에게 "왜, 그렇게도 약자를 괴롭히는 돼먹지 못한 취향에 빠지셨소?"라고, 물어본다면 이 나쁜 사람은 "오! 우리들은 약자를 보고 그냥 지나간다면, 면역기능에 사이렌이 울려 어서 빨리 약자를 괴롭히거라! 만약, 약자들을 괴롭히지 않는다면 너희들의 면역체계에 이상증세를 발작하도록 심어주어, 끝내 너희들이 병으로 시름시름 앓다가, 저승길로 가게 하는 아주 치가 떨리는 고통을 맛보게 해줄 테다!"라고, 말하면서 오히려 이 죄의식 모르는 나쁜 사람들도 자기들의 부정한 행위들을 뒤로하고 현실세계에서 쉽사리 인정해주지 않을 제 3의 정체불명의 대상마저 끌어들인 채, 도리어 이런 정체 불분명한 대상들에게 그 책임을 떠넘기려 하고, 자기들의 부정한 행위에 대해서 한 치의 부끄러움도 없이 자신들의 과오를 당당하게 드러낼 것이다.

　도대체 무엇이 잘못됐는지 궁리할 생각도 않고 어떻게 하면, 이 약자들을 절망의 낭떠러지로 몰아세워 옴짝달싹도 못하게 만들어버릴까

하는 폐단의 악습에 빠져있으니, 진정 이 추악한 인간의 탈을 쓴 늑대들에게 그에 어울리는 신종 법 규율로 잡치기 기술을, 아니면 빗장걸이로 이들을 모래판에서 시원하게 내다꽂을 법 제도라도 있었으면 불쌍한 우리 약자들이 보기에도 '아! 일탈행위를 하는 사람들의 말로가 저런 거구나!'라고 하면서, 그간의 억울한 속사정, 아주 개운히 맛보면서 풀어버렸을 텐데 말이다. 허나, 현실의 문은 이런 약자들에게 "어서 이 안전한 보금자리로 들어와 피신해!"라고, 손쉽게 손짓하지 않는다. 물론 법이 우리 같은 약자들을 위해서 존재하는 것일 수 있겠으나 이런 몹쓸 인간들은 그 법망을 교묘히 역이용해서 힘없는 약자들을 혼란스럽게 만들어 안절부절못하게 만드니 울화통이 치밀어 오르지 않겠는가? 그리고 자기가 방금 한 악행을 언제 그랬느냐는 듯, 의식상태에서 무의식상태로 억지로 밀어 넣어버리려고 하는 본인만의 선택적인 망각을 하려는 불합리한 행동에, 남들이 보기에도 언짢은 표정으로 대하지 않겠는가? 오로지, 당신들의 스트레스 해소용으로 우리 같은 약자들이 저항의지를 상실한 채, 이렇게 희망의 기약도 없이 넋 놓고 당하고만 있어야 하겠는가? 당신들이 정녕 까불고 다니면서 기고만장하는 날이 영원토록 가진 않을 것이다.

나중에 당신들이 이 땅을 두발로 지탱하여 꼿꼿이 의기양양하게 설자리조차도 비좁아져, 허겁지겁 난처해할 때가 있으리라 본다. 지금이 상태가 좋다고 여기서 더 이상 우쭐대지 말고 본인의 행동강령에 의심을 품고, 남을 괴롭히는 그 못난 성질을 점차 누그러뜨려야 할 것이다.

02
지켜보고 있는 자는 영원히 안전하지 않다!

    본 지은이가 입장 바꿔 생각해봐도 나쁜 사람들의 하는 행위 자체는 악랄하기 그지없어, 온갖 처방약을 구해 와서 약 조제를 한다한들 적혀있는 분량이 많아, 각 형벌의 적정범위를 책정하기에 시간이 다소 많이 허비된다. 그래도 그 형벌의 크기에 따라서 엄선된 죄질여부는 심판을 달게 받을 것이니 고통스러운 마음, 뒤늦게 애써 표시해봐야 후회만 따를 것이다. 이렇게 후회할 짓을 굳이 말썽을 부려서 뭇사람들한테 공분을 살 필요가 뭐가 있겠는가? 당신들이 암만 날고 기는 유별난 솜씨들을 갖추고 있어도 당신들이 이 땅에 존재하는 한, 그 수법이야 아무리 그 교활한 등급이 발전한다 해도 지금 현 이 세상에선 그저 새 발의 피에 불과할 뿐이다. 나쁜 사람들의 꼬락서니가 대부분 이런 것 아니겠는가? 가령, 어떤 생산직회사에 신입사원으로 채용되어 들어와서, 새로운 일을 시작하기 전 모든 것들이 다 생소하게 보이고 궁금한 것투성이라 어쩔 수 없이 물어보긴 하는데, 그들의 답변은 죄다가 거의 반말 섞인 짧은 말과 나이를 불문하고 신입사원 대하는 자세가 완전 아랫사람 대하는 불량스러운 모습들이다. 심지어, 가르쳐주면서 "여태 아직까지 이런 것도 몰라요?"라고, 자존심 상하게 하는 말 한마디로 그 자리에서 서 있기조차 민망할 따름이다. 아무리 자기와 똑같은 회사를 들어왔어도 네 일은, 네가 알아서 잘해야 된다는, 전형적인 이기주의자의 모습들뿐이다. 이런 생산직 회사뿐만이 아니고 물류업이든, 제조업이든, 식품업이든, 서비스업이든, 전문직종이든, 주·야 2,3교대 근무이든지간에 새로운 신입사원을 채용했다는 것은 즉, 이 분야의 일이 힘들다는 것이다. 힘이 들기에, 기존에 여기에서 근무했던 사원이 이직하거나 그만두는 것이다. 제 딴에는 여기에서 정신무장을 하고 오래도록 다녀보려고 노력은 한다지만, 막상 손에 잡히는 일이 그리 쉬운 일은 아니다. 어떤 물건을 잡고 내 손에 있는 동안 매번 이 물건에 적지 않은 힘을 들이고 씨름한다면, 2~3일은 고사하고, 단 하루 만에 지쳐버릴 수도 있다. 거기에 회사 사원들은 그 장면을 보고 있으면서도 그냥 물끄러미 쳐다보는 것이 그들로서는 도와준다고 생각할 것이다. 어차피 그들은 '아… 저 일은, 무척이나 힘든 일이기 때문에 나 자신조차도 섣불리 다가가기가 왠지 겁이 나…'라고, 괜스레 한번 도와줬다가 다음번에도 또 역시 도와줘야 하기 때문에 이참에 아예 못을 박고 도와주지 않을 것이다. 그리고 저 일은, 너무 힘이 드니까 하루가 멀다 하고 사람이 바뀌고, 또 새로운 사람이 들어와 그 자리를 메우고, 다시 또 그 자리를 차지했던 사람이 그만두면 또 새로운 신입사원이 들어와 그 일을 대체하는, 이 회사의 돌아가는 시스템을 알기에 그저 나서지 않고 가만히 지켜보고 있는 것이다. 나쁜 사람들은 아무런 잘못 없는 사람하고 일을 같이 하더라도, 자기들이 어려워하거나 힘들어 보일 것 같은 일들은 전혀 나하고는 상관없는 일이라는 식으로, 아주 몰상식하게 밀어내버린다. 그러면 그 나머지 힘든 작업들은 죄다 이 힘없는 약자들에게 돌아가기 마련이다. 옆에서 약자가 "이것 좀 잡아주세요!"라고 도움의 소리를 요청해도 무슨 소가 외치는 소리 냐는 듯 그저 가만히 보고만 있거나 고개를 획 돌려서 딴청부리는 척 한다. 분명히 이 일은 혼자서는 처리할 수 없는 일이기에 서로 같이, 아니면 누군가가 도와줘야만 무사히 완료할 수도 있고 그 다음 공정단계로 잘 인계해줄 수 있는데도 말이다.

예를 들어서, 가전제품 내부 작업 같은 근무를 하게 될 경우에는 내부에 들어있는 잡다한 부속품들을 갈아 끼워주거나, 연장을 이용해서 돌려서 빼거나 풀어주는 일들도 하게 된다. 그런데 막상 이런 내부에 부착되어 있는 부속품들은 웬만해서는 잘 끼워지지도 않을 뿐더러, 손으로 잡고 요령껏 이리저리 흔들면서 빼내려고 해도 쉽사리 빠지지가 않는다. 설사, 잘 끼워지거나 간신히 겨우 돌려내서 빼냈다 해도 워낙 많은 힘을 들이고 씨름을 한 터라 끼우거나 빼려는 그 찰나, 그 주변에 가까이 위치해있는 날카로운 모서리 면이나 아니면 그 주위의 또 다른 예리한 부품들에 부딪혀서 손가락이나 손등, 손목, 손톱, 손바닥이 그 충격으로 크게 베이거나 타박상, 아니면 손에 물집이 잡히기도 한다. 더군다나 이 일을 맡고 있는 사람은 이 일만 하는 게 아니라, 또 다른 공구를 이용해서 내부 부품을 안전하게 고정시키기 위해서 나사나 볼트 등을 꼼꼼하게 조이는 역할도 해야 된다. 거기에다가 본인이 넘겨 받은 제품에 이상이 있는지, 없는지 간단한 불량체크도 해야 된다. 그래야 다음 공정으로 가는 단계에서 그 다음 근로자가 아무런 문제없이 작업을 해나갈 수가 있기 때문이다.

그런데, 나쁜 사람들은 약자가 이렇게 힘들어하는 모든 광경을 지켜보았는데도 도움의 손길을 쉽사리 잘 내뻗어주지 않는다. 본인들 손이 상처에 고스란히 노출되는 장면은 보고 싶지 않기 때문이다. 그리고 거기에 힘을 투입하면 자신들이 지금 맡고 있는 일에, 전력낭비를 가져오게 되므로, 제아무리 동종직업에 같은 회사에서, 그것도 바로 옆에서 근무를 하고 있어도 지켜보고 있는 자는 영원히 안전하다는 본인만의 흑마술 같은 주문을 걸어, 좀처럼 도와주려고 나서지 않는다. 그러면 그럴수록 더욱더 숨 가쁘고 지친 기색을 드러내 보이며 괴로움에 허덕이는 자는 이 외로운 약자일 것이다. 그 누가, 단 한 가지 일처리만 해주어도 이 약자에게는 그에 대한 감사하는 마음이 2배, 3배 아마 곱절로 여겨질 것이다.

여러분들이라면 이런 상황에서 지친 기색에 허덕이고 있는 저 약자의 자리로 가서 단 몇 푼어치의 도움이 될는지는 모르지만, 가벼운 손수건만이라도 다정히 제시해 보실 수는 없으실는지요? 사뭇, 필자인 저도 물론 이런 생산직 회사에서 오래 생활한 바, 참으로 속수무책으로 그들(나쁜 사람)의 뜻을 한풀 꺾을 수 있는 마땅한 항변도 구사하지 못한 채, 그저 고개만 떨구어야 하는 이 암담한 마음, 못내 서운하기만 했었다. 하지만, 뭐 어찌하겠는가? 그들도 그들 나름대로 그들만의 틀에 맞는 준칙이라며 빤히 내세울 게 뻔한데, 억지고집으로 밀고나가는 게 당연지사일 터……. 그렇지만 그 고집스런 억지가 언제까지 내달릴지도 두고 볼 문제인 것 같다. 선의의 모범을 보여줘야 재차 새로운 신입사원이 들어왔을 때, 단 며칠, 아니 몇 개월을 지나 1년이라도 이 일에 적응해가면서 자기 맡은 바 자리보전도 하면서 회사시스템에도 큰 고비 없이 무난히 흘러갈 것이 아니겠는가? 가만히 죽치고 바라보고만 있어봐야 물건이 저절로 알아서 자기 임무 충실히 수행해내며 다음 공정단계로 순순히 넘겨주겠는가? 오히려, 신입사원도 더는 이 일이 힘들어 아무리 사원모집 광고를 한다 해도, 대답 없는 무응답에 이제 이 일을 대신해야 할 사람은 그 주위에 있는 당신들(나쁜 사람들)밖에 더 있겠는가? 부디, 자신들의 비뚤어진 행위들을 정신 집중하여 제발 알아차리기 바란다.

03
한 마리의 개가 되어 개의 눈으로 바라보고
개의 말로 짖어대다!

　나쁜 사람은 약자의 신분이 아닌, 지극히 평범한 수준을 나타내는 일반인인데도 불구하고 아주 볼썽사납게 대하는 경우가 있다. 예를 들어, 어떤 사람이 취직을 하기 위해 일자리를 알아보던 중, 운 좋게 물류회사에 비어있는 자리로 근무를 하게 되었는데 하필 그 물류회사에서 일하고 있는 사람들의 텃세가 생각보다 심각한 상태, 그 이상이었다. 하기야 본인이야 취직자리는 급하고 돈은 벌어야 하니, 그곳 사람들의 심리상태며 성격, 분위기 외에 그곳에 떠도는 소문들을 파악할 시간이라도 남아있었겠는가? 그래서 본인은 그 회사에 들어가 간단한 통성명을 하고, 자기에게 맡겨진 임무대로 주어진 일을 부지런히 하고 있는데 갑자기 옆에서 짧은 말투로 "○○야! ○○야! 너, 이리 와 봐!"라고, 그것도 나이 40이 넘은 사람에게 이렇게 함부로 대하는 나쁜 사람들도 있다. 거기에다가 한 술 더 떠, 이 40살이 넘은 사람에게 "어이구! 우리 ○○ 일, 잘한다!" "아이고… 우리, ○○ 일, 잘한다! 잘해!"라고, 마치 3~4살 먹은 어린애 이름 부르듯이 옆에서 연신 흥얼거리며 우롱하는 것이다. 차마, 눈뜨고 보지 못할 썩어문드러진 무리들이 살아가는 온상의 아지트가 아니겠는가? 이들(나쁜 사람)은 오직 자기보다 더 늦게 이 회사에 돈을 벌기 위해 일하러 들어온 신입사원에게 고집스런 텃세를 내세워 이 죄 없는 순진한 사람들을 마구마구 쏘아붙이며 하나의 인격체가 아닌, 그저 심심풀이 땅콩처럼 하나의 장난감으로 취급해 버린다.

이런 곳에서 살아가는 사람들에게서는 십중팔구는 따뜻한 인정이 어지간해서는 잘 보이지 않는다. 이미 버릇이 되다시피 한 건방진 말투, 차갑게 식어버린 인간미, 도대체 이런 곳에서 더 이상 무얼 기대할 수 있는 가치라도 있을까? 당신들(나쁜 사람들)도 처음에는, 허둥지둥하며 좀처럼 어려운 고비들이 있었을 것이 아닌가? 그런데도 이런 황당한 시추에이션을 보여주는 건 도대체 무어란 말이던가? 이곳에 돈을 벌려고 들어온 사람들은 죄다가 다 정상적인 사람으로 보이지 않는단 말인가?

또 이들은 사용하는 언어형태에서도 심각한 문제점을 드러내고 있다. 직장 동료들 간의 주고받는 말들 중 격이 낮은 비속어가 주류를 이루고 있다. 늘 사용하다 보니 이제는 이런 비속어를 안 쓰면 대화 자체가 잘 나오지가 않는다. 얼마나 비속어를 자기들 고유의 말처럼 아끼고 사랑하였으면, 이런 비속어 없이는 자연스런 대화를 이어나가지 못할까? 그만큼 이들에겐 입에 딱 달라붙어있고 일상화되었다는 것이다. 말투가 천박하니, 이들이 하고 있는 품행들도 어디 단정하다고 자부할 수 있겠는가? 말이 인격이랍시고, 부드러운 표정에서 옥구슬이 데구르르 굴러가듯이 정말로 일관성 있고 품위가 묻어있는 교양 있는 말은, 듣는 이들이 좋은 기운이 가득 차도록 기분을 한껏 추켜 세워준다. 그러니 아무리 나쁜 사람일지라도 자신의 말투 하나만 교정해 보려고 아낌없는 지원과 열의를 보여준다면, 그들의 행동 못지않게 안 따라온다고 보지 않는다. 분명히 나중에 가서는 본인도 '아… 내가, 여태껏 이렇게 나 자신이 부족한 게 너무 많았고 또 이런 것들을 알기 위해 배우지 않았다는 것도 이제 와서 비로소야 깨닫게 되는구나!'라고 하면서, 후회 없는 선택을 한, 자신을 더욱더 자랑스럽게 여길 것이다. 그런데도 아직까지 이런 격이 낮은 비속어를 추구하며 영원히 자기 자신의 몸과 일치가 되어 살아가는 내내, 꺼내 쓰고 남발한다면 당신의 그 고귀한 체면에 금이 가지 않겠는가?

더군다나 이런 비속어도 비속어지만, 여기에 한 술 더 떠 상스러운 욕설은 그야말로 비속어에 날개를 달아주는 격이다. 날개를 달아준다고 해서 돋보이고 훌륭하다는 뜻이 아니고, 갈수록 꼴사나운 짓을 망령스럽게 한다는 뜻이다. 아… 가소롭고 가소롭도다……. 교양 없는 미천한 자여……. 꼭, 이렇게 했어야만 했는가? 당신들에게 정녕, 탈출구가 보이지 않는단 말인가?

그리고 이 나쁜 사람들의 특징은 자기가 봤을 때, 무언가 만만해 보이는 사람에게 가까이 다가가서 자기가, 심심하다고 생각되면 이 약자를 노리개 삼아, 자기들의 욕구결핍을 이 약자를 상대로 해소하려고 한다. 이미 한껏 부풀어 오른 흥미로운 오락시간을 그 누가 제지한다고 해서 선불리 멈추려고 하지도 않을 것이다. 이들은 오로지 약자를 상대로 재미나는 상황을 보고 즐겨야 자기들의 따분하고 지루한 시간들이 지워진다고 생각하기에 어지간해서는 가만히 있으려고 하지 않을 것이다. 그중에서도 남들과 눈 마주치기를 왠지 꺼려하는 사람, 또는 대화할 때 말을 더듬는 이들, 혹은 평상시에는 얌전했다가 자기 기분에 취하면 과한 오버동작을 나타내는 자나, 신체적으로 약골이다거나, 직업생활을 수행하는 데에 있어서 지능수준이 결여되어 있는 자 등을 타깃으로 선정해서 기회가 날 때마다 자기들의 피로도나 일상의 지루한 삶을 해소하는 데에 사용한다. 그들에게 이 약자를 대하는 데에 있어서 눈으로 보이는 인간성은 제아무리 눈을 씻고 찾아보아도 좀처럼 발견되지 않을 것이다. 이들이 하는 행동이며 말투며, 보고 있자니 머리끝에서 발끝까지 울화가 치밀어오를 정도로 그냥 한 대 쥐어박고 싶은 마음, 떠나가지 않는다. 그리고 이들이 이 약자들을 봤을 때 특별하게 하는 질문이 있다. 바로 상대의 외모에 대한 것이다.

보통 같으면 매일 반복되고 바쁜 일상생활 속에서 서로 마주치다 보면, 외모를 보고 상대를 평가할 여유가 별로 없다. 또한 서로 같은 직장에서 오래 근무하다 보면 이제는 그 동료의 유독 평소와는 다른, 달라진 차림새를 보고, 그와 비슷한 대화를 건네줄 수 있는데 굳이 평범한 일상의 옷차림새나 외모를 보고 섣불리 질문은 하지 않는다. 막상 질문을 꺼내봐야, 상대방 측은 "아니, 뭐가 특별하게 보인다는 거야!"라는, 과단성 있고 단호한 답변으로 일단락 지어버리기 때문에 애써 물어봤던 당사자는 얘기를 손수 꺼내놓고도 본인은 아무것도 얻어가는 것도 없이 오히려 분위기만 더 냉랭해진다.

그러나 이것이 평범한 사람이 아닌, 필자가 앞에서 열거해 놓은 약자나 일반인과 비교해봐서 무언가가 결여되는 자이다 싶으면 상황은 또 바뀐다. 그냥 아무 말이나 툭 내던져도 상대측에서 그다지 큰 반응이 없다는 걸 알아차리고, 질문의 소재를 선택할 필요도 없이 본인이 마음에 와 닿는 대로 지껄인다는 소리이다. 뭐 달리 생각나는 게 없기 때문에 자기 눈으로 보이는 대로 약자의 외모를 보고 이야기를 시작한다는 뜻이다.

친한 사이에서도 서로 간에 지켜야할 에티켓이 있는데 이 나쁜 사람들은 약자의 신체를 아무런 거리낌 없이 자기 몸 만지듯이 만진다. 머리에서부터 팔, 다리 등등 참으로 두 눈으로 보고 있자니 속에서 화학가스라도 분출할 심정이다. 게다가, 평소 조금 알고 지내는 사이도 아닌, 회사에 이제 갓 입사한 신출내기이거나 아니면 자기보다 한참이나 나이가 어린 사람에게 이런 몹쓸 수치스러운 꼴을 당해야 된다면, 일반인들이 봤을 때 마음속에서 거대한 화산폭발이 안 일어나겠느냐 이 말이다. 개처럼 네 발로 걸어 다니는 게 아닌, 엄연히 두 발로 꼿꼿이 서서 직립보행을 하는 인간이라면, 한걸음 뒤로 물러서서 돌아가는 일의 사태를 잘 돌이켜볼 필요가 최소한 한 번이라도 있을 것이라 내다본다. 당신들의 그 비신사적인, 개와 같은 언행들, 언제쯤 그 흉악한 티를 벗어날 터인가?

04
이것도 못 해! 바보 아니야?

    나쁜 사람들은 직업생활을 해나감에 있어서 약자가 특정업무에서 수준이 일반인보다 현저하게 모자란다고 생각되면 나이를 불문하고 아주 흉악한 마귀의 모습을 여과 없이 있는 그대로 생생하게 보여준다. 가령 직장에서 특정부서로 신입사원이 입사하였는데 이 신입사원은 컴퓨터를 이용해 문서작성 프로그램, 계산 프로그램, 출력 프로그램 등을 효과적으로 처리해야 된다. 그런데 정작 이 신입사원은 컴퓨터에 이러한 기능이 내재되어 있는 것도 모르고 설사, 이런 프로그램들을 불러왔어도 그 프로그램들 안에 배치되어 있는 아이콘들의 기능조차도 제대로 파악하지도 못한다면 이 나쁜 사람들은 그야말로 자기들이 영구히 괴롭히게 될 표적으로 삼아버린다는 것이다.

    그러니까 이런 나쁜 사람들은 이러한 것들은 일반인들도 다 알고 있는 기본 숙지사항으로 받아들여, 이런 것조차 모르고 있다면 지금의 이 시대를 살아가고 있는 현대문명인이 아니라고 생각하면서 극도로 저주하고 미워하게 된다. 이어서 곧바로 그들(나쁜 사람들)만이 제일 잘한다는 주특기인, 짧은 반말식 어투가 여기서 빠질 리가 있겠는가? 자기보다 나이가 무려 몇십 년 이상씩이나 차이가 나는데도 이 나쁜 사람들 눈에는 고작, 직업생활을 자신의 능력으로 도저히 해결하지 못하는 무능력한 저능아 수준으로 인식하고 온갖 비방, 모욕, 아주 야만스러운 언행으로 못살게 괴롭힌다. 듣고만 있어도 속에서는 울화통이 치미는, 천불이 날정도로 혼란스러운 말들뿐이다.

"○○씨! ○○씨야! 아니, 일을 이렇게 하면 안 되잖아!"
"아니, 지금 장난해! 지금 장난하는 거야?"
"에이 씨! 이리 줘! 내가 할게!"

이게 과연, 나이가 한참이나 어린 새파랗게 젊은 사람이 자기와 몇십 년씩이나 차이가 나는 형님, 삼촌뻘 되는 사람에게 들려주어야 하는 정상적인 언어란 말인가? 이건 암만 말로 설명해 봐야, 직접 경험해 보지 아니하고서는 그때의 그 당사자의 심정을 가늠해내기가 불가한 일일 것이다. 훈계, 문책. 그래, 좋다. 그거야 받아들일 수 있다 치자. 그런데 자기보다 한참이나 나이 차이 나는 인생의 대선배를 그저 손아래뻘 되는 사람처럼 대하니, 이거 어디 말문이 안 막히고, 기가 안 막히겠는가?

그러니까 이 나쁜 사람의 괴롭힘에서 벗어나기 위해선 신체적·정신적으로 별 이상 없이 양호하다 싶으면, 일반인들이 알고 있는 지식의 한도 내에서 최소한 그 적정 범위에 포함될 수 있도록 따라가 주어야 한다는 것 아닌가? 변론하건 즉, 그렇다면 당신들이 취약한 분야에서 전문기술시스템을 체계적으로 분석하고 정립하여 그 결과를 도출해 내어서 그에 대한 논설문 1,000장을 써 오라고 한다면, 단언컨대 호언장담할 수 있겠는가? 결코 쉬운 일이 아닌, 어리둥절한 모습으로 시종일관, 난색을 하고 시간만 보내기에 급급할 것이다. 마찬가지로, 당신 같은 나쁜 사람들도 이런 죄 없는 사람에게 이와 같은 방법으로 똑같이 업신여김을 받는다면 당신들도 분명, 기분이 상하면서 느끼는 바가 있을 것이다. 이 세상에 특별하게 잘난 사람, 못난 사람 단 두 종류로만 딱 구분지어서 정해 놓을 수가 있는가? 그중에서 잘난 사람도 본인이 분명 못 하는 일이 있을 수 있고, 못난 사람도 잘만 파헤쳐 들어가 보면, 숨겨놓은 재주가 꼭 있을 것이다. 어떻게 보면 자신의 숨어있는 재주를 드러낼 기회를 얻지 못해, 마지못해 살아갈 수도 있는 것이고 아니면 이보다는 조금 더 괴로움 속에서 허우적거리다가 오랜 시간이 지나간 후에 자신의 본 기량을 뽐내 보이는 날이 찾아올 수도 있을 것이다. 그러니, 당신 같은 나쁜 사람들도 언제까지나 그릇된 과대망상에 사로잡히지 말고 무분별하게 남을 비판하고 참을 수 없는 굴욕감을 안겨주는 날선 가시 돋친 말, 가급적이면 자제해야 할 것이다.

05
동료의 문책성 강압에 의기소침한
여성사회복지사 V모씨와 Y모씨

앞서 이전 페이지에서도 컴퓨터와 관련된 업무가 잠깐 나왔는데, 이 것과는 조금 다른 유형의 한 예를 들어보기로 하자. 한 전문직 여성 V 모씨는 어느 복지센터에 사회복지사로 취직하여 한 달 동안은 그런대로 큰 문제없이 센터업무에 잘 적응하고 있었다. 이 여성은 본인의 주 업무가 컴퓨터를 다루는 업무이다 보니 기본적인 PC활용능력은 갖추고 있는 듯 보였다. 그런데 어느 하루는 같은 직장 동료에게서 우리 복지센터 관리대상자 명단에 이번 달 변동사항이 있으니 서식을 다시 꾸리고 센터의 관리대상자 명단리스트를 다시 작성하라는 지시사항이 있었다. 그래서 V모씨는 기존에 있던 관리대상자 명단리스트를 그대로 참조하고 새로 변동될 이름과 날짜, 서비스내용 등을 각 규정에 알맞게 수정하여 같은 직장 동료에게 수정한 리스트명단을 제시하였다.

얼마 안 있으면 공단에서 모니터링(점검)이 곧 나오기에, 서류에 이상이 있는지 없는지 확인하는 건 필수사항이었다. 얼마간의 시간이 지나가고 난 후 아까 그 동료에게서 회답이 들이어왔는데, 서비스내용란에서 굳이 없어도 되는 내용이 들어갔다는 것이었다. 그래서 이 여성 V모씨는 너무 시간에 쫓기어 서두르다보니 나도 모르게 '아차' 하고, 실수했던 것으로 생각하였다. 그런데 막상 그 동료 옆으로 다가가 자세히 그 서비스내용란에 대해서 주의 깊게 설명을 듣다보니,

그 동료 왈,

"아니, 이건 우리 복지센터에서 지원해주지도 않는 물품인데 이런 것은 써넣으시면 안돼요! 그 전에 쓴 관리대상자 리스트명단, 못 보셨어요? 이런 것 하나하나가 나중에 모니터링 검사 나올 때 무심코 지적당해, 옆구리 팍팍 찔리면 기분이 좋으시겠어요? 게다가, 그동안 애써 모은 지원금 환수당하면 우리 센터에서 받는 타격은 얼마치인지 아세요! 어… 그리고 보니깐 여기, 요… 밑에도 틀렸네! 이거, 이렇게 작성하면 안 되고, 우리 센터는 이런 지원물품 보조 안 하니깐 여기에 기재되어 있는 것들도 다 빼버리세요! 괜히 추가비용만 더 나오니깐…….

그리고 이번 예산운영계획서대로 내년에 예산증액 되는 것도 목이 마른 이 시점에, 우리 센터 보조금 더 내준다고 후원하는 배부른 기관들이 빨리 나타날 것이라고 보장할 수 있겠어요? 그리고, 센터인력운영계획서에도 조금 수정해야 할 부분이 있어요! 여기, 인력구분란 센터장, 그리고 그 옆에 업무내용란에서 '직원에 대한 교육 등 업무를 충실히 수행'이라고, 기재하셨는데 이렇게 하기보단, '직원에 대한 체계적인 교육, 직원들을 고취시키고 업무능력함양에 도달할 수 있는 효과성 실천교육'으로 다시 교정하시고, 성과보고서에서 관리대상자 ○○○씨, 상태파악란에서 여기 이 대목(손가락으로 짚어 보이며)도 '날

씨가 점점 더 추워져서 힘들어하시고 아파하심'이라고, 적었는데 도대체 어떻게 춥다는 거예요? 그리고 아프긴 아픈데 어디가 뭘, 어떻게 아픈 건지 뚜렷하게 표시가 안 되어 있어요! 이런 건 이렇게 적으셨어야지요! '이제 곧, 10월에서 11월로 넘어가는 시기라, 기온이 차츰차츰 낮아져 추위로 인한 감기와 면역력 저하로 고통을 호소하심'이라고, 적어놓아야 되지 않겠어요? 일일이 제가 하나에서부터 열까지 쭉 열거해 드릴까요? 세 살 먹은 어린애도 아니고……. 선생님도 알다시피 우리 복지센터는 대상자분들에 대한 관심이 지나칠 정도로 관대하다면 관대할 정도일 거예요! 점 하나 찍는 거, 밑줄 하나 긋는 것, 그거 쉽게 생각하시면 안 돼요! 내가 왜, 점을 찍어야 되는지, 밑줄을 긋는다고 한다면, 어떤 부분에서 수정해야 되고 첨가할 내용이 명백히 구분되어지는지, 본인의 확고한 정의가 필요할 거예요! 이제는 선생님도 우리 센터에서 근무하신 지 벌써 한 달이 넘었잖아요? 그러면, 저 대상자에게는 누가, 어떤 사람이 필요하겠구나! 아니면, 또 다른 무언가를 요구하고 있구나! 내가 이렇게 해줌으로써 대상자에게 뭐 더 부족한 점은 없는 걸까? 만족감을 표시한다면 이후에 내가 더 보완해야 할 과제들도 다시 한번 숙지하시고 나중에는 실수하는 일 없도록 근무태도 유지하셔야 될 거예요!"라고, 이렇게 일방적으로 자기가 표현하고 싶은 대로, 남을 지나친 면박으로, 훈계하면 상대방의 가슴은 총에 맞은 듯한 상처로 얼룩질 것이다. 그것도 상대방에게 말할 기회도 얻지 못한 채 말이다. 누가, 자기 잘못에 대해서 반항이라도 하겠는가? 잘잘못을 타이르는 데 너무 집요할 정도로 강압적으로 상대의 자존심마저 돌볼 생각 않고, 상대의 입장표명도 들어보지도 않은 채, 오로지 자기 할 말만, 웅변하듯이 속사포처럼 연신 쏘아붙이면 듣고 있는 상대방으로서 취해야 할 최후의 방어책이라곤 기껏해야 스톱정지 화면밖에 뭐 더 있겠는가? 이 전문직 여성도 나름대로 먹고 살아가기 위해서 자기 맡은 바, 주어진 역할에서 뒤처지지 않도록 부지런히 여기까지 달려왔을 테인데, 그런 사소한 실수 하나 가지고 진심어린 충고로써 감싸주지 못할 망정, 꼭 그 피비린내 나는 사납고도 험악한 표정으로 앙칼지게 몰아쳐야만 했었는가? 그러는 당신은 이 땅에 두 발로 당당히 설 자신이 있을 정도로 완벽히 당신의 업무에 한 치의 오차 없이 퍼펙트하게 꾸려나갈 수가 있겠는가? 무결점으로 말이다. 당신의 연신 줄기차게 이어지는 닦달하는 소리에, 저 가엾고 불쌍한 전문직여성은 무엇이란 말이던가? 기가 죽어, 더욱더 오그라드는 모양새에 손과 무릎, 다리들이 부들부들 떨리는데 무슨 낯으로 서류며, 컴퓨터화면을 재차 바라볼 기운이라도 남아있겠는가? 당신이 그렇게 한바탕 싸질러놓는 바람에, 주눅이 들어 차마 해보려고 시도하는 용기조차도 나지 않을 것이다.

이 경우 외에도, 또 다른 전문직여성 Y모씨는 요양분야 쪽에서 사회복지사로 근무를 하게 되었는데 이곳에 입소한 클라이언트의 일주일치 프로그램계획을 짜야하는 업무를 맡게 돼, 프로그램계획을 신체기능활동, 인지기능활동, 사회적응활동 이렇게 3등분으로 구분하고 직원들 회의시간에 프로그램결과를 내놓게 되었다. 그리고 사회복지사 Y모씨는 자신이 설정한 프로그램계획표 중에서 신체기능활동 부분에는 치매예방운동, 볼링게임, 풍선배구 등등을 인지기능활동으로는 그림그리기, 사회적응활동으로는 공원 산책, 장보기 등 주로 외부에서 하는 활동으로 계획서를 작성했는데
다른 동료 선생님 왈,

"선생님! 여기 신체기능활동 중에서 치매예방운동시간에 강사선생님 초빙할 때, 저번에 오셨던 그 강사분 말고 다른 분으로 초빙한다고 제가 말씀드리지 않았나요?"

"아니, 저는 그런 말 못 들었는데…"

"뭘, 못 들어! 그래서 나도 지난번에 원장님한테 얼마나 혼났는지 알아요? 지난번 오셨던 치매교육 강사분은 강의료가 비싸니 조금 더 싼 강의비로 새로운 강사분 초빙한다고 그렇게 일러줬는데……. 뭐, 말귀도 못 알아듣고……."

"아니… 저는, 그때 잠깐 제 업무에 신경 쓰느라 그 얘길, 자세히 못 들었던 것 같아요!"

"그러니까 선생님 때문에 나도 욕먹고, 여기 있는 우리 직원들도 다 몽땅 한소리 듣는 거 아니에요! 여기 있는 직원들 다 힘들어! 다들 다 이른 아침부터 집에서 나와, 그 복잡한 대중교통 헤쳐 나와서 이곳까지 간신히 자기한 몸, 이곳에 붙들어 살겠다고 애쓰는 마음, 그 누가 모를까요? 다들 다 저마다 사연 있고 투철한 사명정신으로 무장한 마음, 모르는 바는 아니니 우리 제발 좀 잘해봅시다!"

이렇게 꼭 여러 사람 있는 데에서 한사람을 지목하여, 무안을 주었어야 했는가? 그것도 짧은 말로 반말했다가, 안 했다가 하면서 말이다. 그렇게도 기고만장한 당신이라면 당신의 두 귀는 주파수음역대를 모두 다 캐치할 수 있을 정도로 만반의 준비를 갖추었는가? 실로, 상대방 당사자가 받는 충격감은 크다. 여기서 더 크게 번지기 전에 어서어서 당신의 어투를 바로 교정하기 바란다. 듣고 있는 당사자, 풀이 죽어 앞으로 자신의 일을 하려고 해도 문책당한 그때의 그 상처받은 기억이 머릿속에 맴돌아 업무가 쉽사리 제 손에 잘 잡히지도 않을 것이다. 이후에 자신감을 갖고 업무에 임한다 해도, 여러 사람 보는 앞에서 자신의 약점을 보란 듯이 노출했으니 무슨 일을 하려고 해도 어차피 또 잘못될 것이라 판단하고 자신의 한계수준을 제대로 꽃피워 보지도 못할 것이다. 이렇듯, 나쁜 사람은 상대의 조그마한 부분이라도 자기 눈에 띄기만 하면 여차 집요하게 물고 늘어지려는 습성이 강하다. 그것도 제법 다루기 쉬울 법한, 만만한 대상을 골랐으니 이왕이면 그동안의 묵혀놓았던 한풀이마저 한바탕 쏟아내려고 혈안이 되지 않겠는가? 바로 앞에 돌멩이를 잔뜩 갖다놓고, 탑을 쌓아 시멘트로 바른다 해도, 아마 미친 듯한 기세로 저돌적으로 밀고나가 기어이 자기 억눌렸던 감정들까지 한데모아, 표출해내면서 물·불 가리지 않고 허물어뜨려버릴 기세일 것이다.

이와 같이 이런 나쁜 사람들에게 억눌려, 속에 품고 있는 자기 의사표현도 제대로 하지 못한 채, 그저 호되게 당해야만 했던 전문직 여성 V모씨와 Y모씨의 공통된 특징은 모두들 착하고 얌전하다는 것이다. 이렇게 남들 보기에 착하고 얌전한 성격을 갖춘 이들은, 나쁜 사람들 보기에는 그야말로 차려놓은 밥상처럼 보일 것이다. 밥을 하려고 쌀을 찾아 씻을 필요도 없고, 반찬을 굳이 귀찮게 요리해야 할 필요성이 없기 때문이다. 나쁜 사람이 갖고 있는 주특기에, 더없이 안성맞춤인 유형을 가진 심성 고운 약자들이 판에 박히듯 찾아들어왔는데 그걸 가만히 보고 있을 나쁜 사람은 없을 것이다. 여기에 이 전문직여성 V모씨와 Y모씨는, 남이 어떠한 부탁을 요구하면 그냥 쉽게 거절하는 타입이 아니다. 자신들의 의사를 명백히 제시하여 남에게 알려주어야 하는

데, 이 두 여성들에게는 차마 그러한 성격이 나타나지 않는다는 것이다. 더군다나 남의 부탁을 정중히 거절하였어도, 남이 또 어떠한 조건을 내걸었을 때, 또는 그 조건에 대해서 자신의 주장을 꺾지 않고 강력하게 고집을 부려나갈 때 이런 여성들의 의견은 재차 진행되지 못하고 결국은 이런 나쁜 사람들의 억지주장에 끌려 나간다는 것이다. 그러하오니 더는 이들(나쁜 사람들)에게 휘둘리는 삶에서 매우 헤쳐 나오기 힘든, 곤혹스러운 지경에 빠져있다면 이렇게 한번이라도 외쳐보라.

"저도, 얘기할 권리가 있다고 봅니다! 좀 더 다소곳이 매끄럽게 안내해주시면, 이런 저에게도 일하려는 욕구가 좀 더 증가하지 않을까요?"

라고, 그들이 있는 곳을 응시한 채, 당당하게 말이다. 아무리 나쁜 사람이라지만, 인간인 이상, 이러한 예기치 못한 말을 들으면 그 순간 멈칫멈칫한다. 당한 자의 심정, 지은이로서는 안다. 그걸 알기에 더 이상 약자들이 당하는 세상은 머릿속에서 지워버리고 싶다.

06
생활용품 유통업체에서 근무하는
40대 남성 L모씨의 아비규환의 생업현장

이 나쁜 사람은 약자가, 다른 사람으로부터 상처받는 이야기를 들었는데에도 그 즉시 대응하지 못하고 그냥 가만히 있거나 어서 빨리 본인의 할 말을 차마 입 밖으로 꺼내지 못하고 그저 눈만 깜빡거리면서 꾸물대면 "어… 저 사람, 남이 자기한테 비웃고 조롱해도 그냥 가만히 저러고 있네!"라고, 정신적으로 이상이 있는 사람으로 판단하여 결국은 나쁜 사람들의 표적이 되고 만다.

이와 같은 기질의 유형을 가진 사례로, 40대 남성 L모씨는 어느 생활용품 유통업체에서 4년 가까이 근무를 하고 있었는데, 이곳에서 40대 남성 L모씨는 그야말로 집단 괴롭힘의 표적 제 1호대상이나 다름없었다. 자신의 본 주 업무가 입고 들어온 상품들을 대차에 실어, 보관창고 진열대에 쟁여놓는 일이었다. 그러나 회사 출근할 때부터 퇴근할 때까지 온종일 이 한 가지 일만 하는 것은 아니었다. 회사 내 창고가 2층과 3층에도 진열대로 꽉차있고 또 그곳에도 주부사원이나 젊은 여성, 남성 직원들도 다양하게 배치되어 있었으므로, 이쪽에서 무슨 물건을 보내달라고 연락을 취하면 잽싸게 물건을 투입시켜주는 일도 서슴없이 해야만 했었다. 그러나 이쪽 분야가 비록 오전 9시부터 하루일과가 시작된다 하여도, 워낙에 사람들 텃세가 심하고 일조차 힘들어 그만두는 사람들이 하루가 멀다 하고 그 숫자가 늘어나다 보니 밤 9시가 넘게까지 야근하는 건 필수불가결한 사항이었다. 게다가 사람들이 빠져나간 자리의 공백을 메워야 하니, 다른 라인에서 호출하면 또 그쪽으로 지원까지 가야 하는 입장이었다. 더군다나 다른 라인으로 지원 가서 일하게 되면, 평소 자기가 해오던 일과보다 몇 곱절이나 힘들 만큼 뼈가 부서지는 듯한 중노동이었다. 그만두는 사람이 괜히 그만두었겠는가? 암만, 기를 쓰고 물건을 들어봐야 겨우 들릴 듯 말 듯한 감당하기 어려운 무게에, 그 박스 크기 또한 상당했기에 다들 으레 겁을 집어먹고 속속들이 팽개치니 말 다한 것 아니겠는가?

그래서 나쁜 사람들은 평소에 눈여겨 본 이 40대 남성 L모씨의 성격을 두루두루 파악하고 있었기에 나쁜 사람들이 도맡아 해야 할 따분한 일들을, 굳이 자기의 손을 이용하지 않고 무덤덤한 표정으로 L모씨에게 부탁해버린다. 평소 안면이 있는 동료뿐만 그랬겠는가? 이제 갓 들어온 신입사원들도 날이 갈수록 그(40대 남성 L모씨)의 이상한 성격유형을 파악하고 자기들이 해야 할 일마저 교묘한 방법을 써서 L모씨에게 떠넘기려 했으니 말이다. 자기를 잘 모르던 사람이든, 지인이든, 주부사원이든, 다른 거래처에서 나온 직원이든지간에 자타가 공인하는 동네북으로 전락해버렸으니 더 이상 무슨 설명이 더 필요하겠는가? 이후에 나오는 본격적인 이야기들이 이러한 유형의 형태를 잘 대변해 준다.

"○○아!(40대 남성 L모씨 부르는 소리) 여기, A-11번 물건 좀 갖다 줘!"

"○○씨!(40대 남성 L모씨 부르는 소리) 여기, D-8번 물건 다 떨어졌어요!"

"○○씨!(40대 남성 L모씨 부르는 소리) 여기, J-4번 물건 재고분이 부족해서 지금 수량이 모자라니 좀 갖다 주실래요!"

"저… 이거 좀,(40대 남성 L모씨 부르는 소리) 이 물건 K-17번 제품을 찾아야하는데 잘 못 찾겠어요!"

"어이! ○○씨!(40대 남성 L모씨 부르는 소리) 저기 B창고에 가서, 종이박스 받아야지! 아까부터 저 종이박스 기사, 위치 몰라서 허둥대고 있던데……."

"○○형!(40대 남성 L모씨 부르는 소리) 지금 밖에 배송차량 들어왔는데 얼른 물건 입고해야지! 아까 보니깐 입고량도 엄청 많이 있던데……."

"○○씨!(40대 남성 L모씨 부르는 소리)여기 이, 한 집은 이제 포장 다 끝났으니 이 팔레트 좀 빼줘!"

"하이고… 아까부터 자리가 비좁아 허리 나가는 줄 알았네!"

(이때, 그 옆 대차에 물건을 싣고 지나가는 사람이 하는 말)

"저기요!(40대 남성 L모씨한테 하는 말) 저 앞에 있는 대차 좀 빼주실래요? 지금, 그쪽으로 들어가야 하는데……."

40대 남성 L모씨가 대차를 옮기려고 하는 도중, 이때 어디선가 다급한 목소리가 들려온다.

"야 인마!(40대 남성 L모씨 부르는 소리) 지금 너 뭐하고 있어!(배송기사가 말하는 소리) 이 자식아! 지금 인마! 아까부터 여기 와서 여태껏 계속 기다리고 있었는데……. 사람이 찾으면 이리로 얼른 나와야 될 것 아니야!"

"죄송해요! 오늘따라 물건이 많은가 봐요!(40대 남성 L모씨가 하는 말) 저쪽 이모들도 물건 떨어졌다고 좀 갖다달라고 하고, 저기 ○○이모도 아까 뭐, 몇 번 물건이 없다고 그랬더라……."

"뭐… 오늘따라…… 야 인마!(배송기사가 말하는 소리) 그건 그네들이 알아서 찾으라 그러고, 너는 인마! 아침에 차가 왔으면, 얼른얼른 빨리빨리 물건 확인해서 제자리에다 물건 입고시켜야 될 것 아니야! 너 찾으러 갈 때까지 나는 뭐 이렇게 한가하게 여유 부려가면서 노닥거리고 있냐!"

"아니… 저기… 기사님 마음, 모르는 바는 아닌데 제가 지금 머리가 좀 어지러워서……. (말끝을 흐리며)"

"아니 아니, 됐고 됐고, 너 얼른 저것부터 빨리 입고시켜! 야! 나, 이것 말고 또 다른 데로 물건 또 갖다줘야 돼! 나는 너보다 더 죽겠다! 너는, 그래도 인마! 아침, 점심 꼬박꼬박 잘 챙겨먹을 것 아니야! 우리 같은 이런 배송기사들은 아침밥도 제대로 못 먹고 나와! 그런데, 너는 남는 게 시간인데 쪼들릴 게 뭐가 있어!"

"예! 알겠어요! 지금 바로 할게요!"(40대 남성 L모씨가 하는 말)

"어이구……. 담배나 한 대 피우러 가야겠다!"(배송기사가 하는 말)

40대 남성 L모씨가 입고할 물건을 나르려고 하는 사이,

"○○씨!(40대 남성 L모씨 부르는 소리) 아니, 여기서 지금 뭐해요! 아까부터 B창고에 종이박스기사 들어왔다고 말했잖아요! 지금, 박스기사 아까부터 계속 기다리고 있던데……."

"아니, 그쪽 부서에 일하고 있는 사람들 있으면 한 사람만 나와서 좀

하시라고 그러시지요?"(40대 남성 L모씨가 하는 말)

"아니… 뭔 소리예요? 그쪽은 자기 일들, 안 한대요? 지금, 그쪽도 사람 부족해서 난리인데……."

"그러면 내가 이것부터 대충 입고시키고 갈게요!"(40대 남성 L모씨가 하는 말)

"흐허허허…….(어이없다는 듯 비웃으며) 그거 다, 입고시키면 저기 저 밖에서 기다리고 있는 박스기사 오늘 중으로 자기 집에도 못 들어가고 회사에서 쫓겨나! 어떻게 하실래요? 못 하시겠으면, 나는 사무실로 가서 하기 싫다고 보고하면 되지요?"

"아니… 제 말은, 그게 아니라……. 아니, 아니, 제가 갈게요! 그냥 갈게요!"(40대 남성 L모씨가 하는 말)

"○○씨!(주부사원이 40대 남성 L모씨 부르는 소리) 여기 D-8번 물건, 하나도 없다니깐!"

"이모! 잠깐만요! 저, 얼른 종이박스먼저 쌓고 그리로 갈게요! 잠깐만 한쪽으로 물건, 빼놓으세요!"(40대 남성 L모씨가 하는 말)

"어휴… 빼긴 뭘 빼나……. 지금, 제 집 못 찾고 대기시켜놓은 물건이 2~3군데나 밀려있는데……."(주부사원이 하는 말)

"어… 오래 기다리셨지요?"(40대 남성 L모씨가 하는 말)

"아니, 뭔 일이 그렇게나 많이 밀렸어요?(종이박스 기사가 하는 말) 아까부터 암만 기다려도 사람들이 안 나오길래 나는 또 3~4명 그만둔 사람들 때문에 오늘 일이 바쁜가보다 하고, 생각했지요!"

"아니 아니, 저것들 입고상품들이 오늘따라 저를 몹시 괴롭히고 거기다가, 이모들 물건 얼른 갖다주라, 빼달라고 그러고……."(40대 남성 L모씨가 하는 말)

"○○형!(40대 남성 L모씨 부르는 소리) 지금 여기서 뭐해요? 아까 전에 ○○이모, A-11번 물건 좀 갖다 주라고 지금 난리인데……."

"어… 어… 어… 어… (40대 남성 L모씨가 갑자기 자기 옆머리를 오른 손바닥으로 탁탁탁 세게 때리며, 아… 으… 어… 어… 어… ○○○! ○○○!(자기가 자기 이름을 연속으로 반복해 부르며), ○○야! ○○야!(자기 이름을 자꾸 되뇌며) 여기도 ○○○! 저기도 ○○○!"(정신이 나간 사람마냥 행동하며)

이 와중에 그 옆을 지나가고 있는 주부사원이 C-9번 물건 좀 찾아달라고 부탁한다.

"저… 기… 이것 좀 찾아주실래요? O-2번 물건은 찾았는데, C-9번 물건 위치는 잘 모르겠어요!"

"○○! 너, 거기서 뭐해!(나이 많은 주부사원이 갑자기 흥분해서 화를 내며) 여기, 이 물건 좀 빼주라니깐! 아까, ○○가 물건 다 포장했다고 팔레트 좀 빼달라니깐, 금세 또 그리로 가서 딴 일하고 있네! 너, 오늘 나한테 한번 혼나볼래! 어!"

"예… 예예……."(완전히 넋이 나간 꼴로 행동하며)

이대로 놔두면, 스트레스로 쓰러질 공산이 커 보여, 그쪽으로 움직여 보려고 시도하였지만, 주위 동료들의 만류와 공포분위기 속에서 본 지은이 또한 어찌할 도리가 없었다.

이렇게 한바탕 큰 사태가 지나가고 분위기가 잠시 누그러지는 듯 보였으나, 그것도 얼마간의 시간이 지나가고 난 뒤, 그를 둘러싼 도움을 호소하는 목소리들은 여전히 고집스럽게 들려오고, 마치 굶주림에 허덕이는 악귀들이 손을 내뻗듯, 무질서 그 자체의 현장이었다. 상황을 바로잡기에는 이미 손을 쓸 수 없을 정도로, 그곳의 담당관리자들은 누가 무엇을 하든, 오로지 자기가 해야 할 일에만 치중하였고 무언가가 필요하다고 생각되는 일손은 특정대상으로 삼고 있는 사람만 시키면 그만이었기 때문에 이들에게 그렇게 큰 불안요소들은 없는 것처럼 보였다.

게다가, 너무나도 부족한 일손에, 거의 모든 일들은 특정타깃으로 쏠려버려서 이것은 생활용품 유통업체가 아니라 지금 막 사방팔방에서 날아 들어오는 폭탄을 피하느라, 순식간에 공포에 질려버린 표정의 전쟁터 그 자체였다. 누가, 누구를 막 멱살을 잡고 때리려고 해도 그 누구 하나 꼼짝 안 할, 거들떠보지도 않을 것 같은 차가운 김이 서리어있는 냉랭함에 시끄럽게 고함을 지르고 욕을 해도, 살벌하게 윽박지르고 화를 내도, 자기 본분을 잃어버린 채 그저 망각하려는 개념 없는 관리자의 태도는 도저히 이해할 수 없을 정도로 얼떨떨한 느낌만 주고 갔다.

이렇듯, 이런 유형의 성격을 가진 사람들은 상대방이 자기에게 온갖 비난을 퍼부어도, 위협을 가해도 본인의 주장을 내세우지 못하고 크게 저항하지도 못한 채, 가만히 있기 때문에 남들이 보기에는 자존심도 없는 사람으로 여기며, 우습게 보고 데리고 논다는 뜻이다. 그러나 이렇게 하다가는 본인 몸도 잘 가누지 못하게 되고 이 회사에서 사지 멀쩡하게 성한 상태로 온전히 유지해 나가는 건 어려울 것이다. 하여, 나쁜 사람들을 향해서 이렇게라도 한번 외쳐보는 건 어떤가?

"나는, 당신들하고는 일하는 방식이 달라! 나는 나만이 즐기고 있는 일처리방식으로 내 일에 책임감을 느끼고 그 누구보다도 흐뭇한 미소 지어 보이며 아등바등 살아왔지만, 이제는 내 일이 아닌 일들은 하지 않겠어! 회사가 여기에서 나보고 나가라고 한다면, 목숨을 불사하고서라도 스스럼없이 물러날 수 있는 자신 있어!"라고, 말을 해보라.

이 회사가 자신이 없이는 결코 앞으로 잘 운영해나간다고 볼 수도 없고, 또 본인의 일을 도맡아 컨트롤해줄 마땅한 대체자도 쉽게 나타나지 않을 것이다. 그러니 그대는 바보 같은 사람이 아니다. 온갖 수치심, 능욕을 참고, 괴로워하며 악질행위를 일삼는 양아치 같은 천박한 자들에게 당할 그대의 본모습이 아니라는 것이다. 아니라고 지은이는 말하고 싶다.

07
제한된 단어선택과 낯선 환경

이전 사례와 얼추 유사한 경우가 또 하나 있는데 나쁜 사람은 약자가 다른 사람과 말을 주고받으면서 끝말을 확실히 단정 짓지 못할 때, 그러니까 말 뒤끝을 하는 둥 마는 둥 뒤로 갈수록 점점 더 억양이 낮아지면서 어… 음……. 이런 식으로, 끝말을 흐리게 말하는 사람을 자기주관에 신념이 부족한 자로 보고, 판단하여 괴롭히기 시작하는데 이런 사람들 또한 나쁜 사람의 주된 표적거리가 된다. 직장에서 이들(약자들)은 쉬는 시간에 나쁜 사람들의 심심풀이 땅콩으로 취급되어, 지루한 일상을 해소할 웃음제공기로서의 민낯을 여실히 보여준다.

"○○씨!"(나쁜 사람이 약자를 부르는 소리)

"예!"(약자가 대답하는 소리)

"아니… 아까, 작업시간에 화장실이 급하다고 하더니 왜 그렇게 늦게 나와요?"(나쁜 사람이 말하는 소리)

"아… 그거… 그러니까, 그동안 참고 있던 배설물을 밖으로 내보내지 못해서……."(약자가 말하는 소리)

"아니, 그래도 보통 똥을 싸면 뭐 빠르면 5분, 뭐 길어야 10분, 15분 걸리지 않아? 그런데, ○○씨는 한번 화장실에 가면 30분 이상씩 있는다니까! 아니, 뭔 똥을 그리 오래 싸세요? 항문, 찢어지겠다! 찢어지겠어!"(나쁜 사람이 말하는 소리)

라고 말하는데, 그것도 주위에 여러 회사동료들이 보고 있는 곳에서 아무런 거리낌 없이, 인정이라곤 조금도 없이 마구마구 쏟아내 버린다.

또 그 말을 듣고 있던 주변의 동료들도 큰 웃음으로 기꺼이 거기에 한 몫 한다. 또 그들 틈에는 이제 갓 이 회사에 입사한 신입사원도 있고, 또 약자보다 나이가 한참이나 어린 앳된 티가 줄줄 넘쳐흐르는 소년 같은 얼굴을 한, 사람들도 끼어있다. 더군다나 물어보는 사람도 약자와는 잘 알지 못하는 사이에다가, 그 옆에 있는 낯선 동료들에게 어리바리한 이미지마저 심어주었으니, 그 현장에 있는 당사자의 심정 오죽하겠는가? 앞에서 예시로 보여준 이런 사람이 갖고 있는 성격의 특징은 자신들이 실제상황에서 꺼내어 사용할 수 있는 제한된 단어 양에 문제가 있다고 볼 수 있다.

즉, 이런 약자들은 무언가, 남들과 어떠한 문제로 마주보며 의사소통을 할 때, 너무도 빈약한 제한된 단어만을 가지고 있으므로 막상 어떠한 위급상황에 놓이게 되면, 그 상황과 꼭 맞는 단어가 생각나지 않아 말끝을 흐린다거나, 갑자기 꿀 먹은 벙어리처럼 그 상태로 가만히 굳어버린다는 것이다. 또 막상 그 일과 관련되는 비슷한 단어가 생각난다 해도 자기(약자)가 한 말이 밖으로 튀어나올 때 상대방이 이해하지 못하는 말로 와전될까봐, 노심초사하면서 끝내 발설하지 못한다는 것이다. 이런 사람의 국한된 단어의 양에 대한 보완이 요구되고는 있지만, 이런 것보다 더 심각한 현상은 지금 일하고 있는 자신의 업무형태에 현재 본인이 하고 있는 일뿐만이 아니라, 다른 동료들이 하는 일도 파트별로 시스템체계가 새로이 구성된다면 그간 쉽게 접해보지 못했던 낯선 용어들과, 파트별 숙지사항에도 능숙하게 알고 있어야 하기 때문에 자꾸만 더 혼란상태로 빠져버린다는 것이다.

덧붙여서 이런 사람들은 무언가 새로운 걸 추구하려는데 있어서, 두려움이라는 것도 간직하고 있기에 가급적이면 현상 유지하는 것을 은근히 바라고 있기도 하다. 또 이 나쁜 사람은 약자가 자기 자신의 약점으로 꼽을 만 하다고 생각하는 취약한 부분을, 남들 앞에서 대놓고 꺼내놓기에는 자기 자신을 부끄럽게 생각하기 마련인데, 그것이 마치 큰 자랑거리라도 되는 듯 여러 사람 보는 곳에서 큰소리로 "나는 그것을 못 해요!"라고, 과감하게 말하는 사람을 약간 지능이 떨어지는 사람으로 여기고 곧잘 괴롭힌다.

이런 사람들은 예컨대, 어떤 전자회사에 신입사원으로 새로 들어왔는데 그 전에 자기가 직장 생활했던 곳과는 확연히 다른 회사 내 분위기와 고급스러움, 깔끔한 주위배경, 그리고 본인이 기존에 근무하였던 곳에서 쉽게 접해보지 못했던 최첨단 장비의 사용과 이 회사의 규모에 압도당해, 만약 여기에서 자기가 무슨 실수라도 한다면 그 동료직원들이 자기를 대하는 태도와 자기를 바라보는 눈빛과 표정을 감당할 만한 방어태세와 정체성이 결여되어 있기에, 선뜻 도전해보지도 못한 채,

사전에 아예 할 줄 모른다고 미리 못을 박는 것이다. 더군다나 여기에서 여러 회사직원들이 뻔히 다 쳐다보고 있는 상황에서 분위기 파악도 못 한 채 큰소리로 자신의 의견을 제시했으니, 진정 본인은 뭐가 잘못됐는지 알지 못한다 하지만, 그 주변에 있던 사람들은 이런 그의 행동을 기이하게 여기고, 지능이 모자란다고 판단하여 가볍게 대한다는 뜻이다. 웬만한 사람 같으면, 자기 자신이 참으로 하기 어려운 기술적인 부분이나 잘 알지 못하는 영역에서는 말 그대로 자신이 없으므로, 굳이 그렇게까지 큰소리로 "나는 그것을 할 줄 모른다."고 떠벌리지는 않는다.

이런 사람들 또한 앞서 당한 약자와 못지않게 당하는 방법은 비슷하다.
예를 들자면,

"○○씨! 여기 좀 잡아 봐요!"(약자보다 나이가 한참이나 어린 젊은 사람이 하는 말)
"에이 씨! 꽉 좀 잡아요! 어… 어… 지금 장난해! 지금 장난하냐고! 에이 씨! 성질나 죽겠네! 한 대 때려 패줄 수도 없구……. 에이… 내놔!"(약자보다 나이가 한참이나 어린 젊은 사람이 하는 말)

이런 유형의 사람들 또한 자기 안에 어떤 두려움을 내재하고 있기에, 이들(나쁜 사람들)이 막말을 퍼붓고 반말을 해도, 섣불리 나서지를 못한다. 더구나 자기 손에서 처리하지 못할 것 같으면 사무실로 찾아가 담당관리자나, 이 일과 직접적으로 관련되는 책임자를 만나서 자신이 당했던 그 모습 그대로 자초지종을 설명하면 되는데 막상 이와 같은 얘기가 약자를 괴롭혔던 나쁜 사람 귀에 흘러들어가게 되면 훗날, 이들에게 보복을 당하게 될지도 모른다고 생각해, 마지못해 참고 또 담당관리자에게 얘기해봐야 그들(나쁜 사람들)이 완강하게 부인하면서 부당한 일도 타당한 것처럼 꾸며내 기어이 이 약자를 수세에 몰리게 만들어버리기 때문에 이런 상대의 예의 없는 태도를 보고서도 거세게 대항하지 못한다.

08
무능력한 43세 남성 E모씨와
절도 있는 대화의 마무리

앞선 경우는 그래도 약자인 당사자보다, 상대방이 나이가 적어서 이 정도 선에서 끝이 났는데 만약 약자보다 나쁜 사람의 나이가 더 많다면, 상황은 또 급전하게 된다. 고등학교 졸업으로 학력 수준도 낮은데다가, 이 43세 남성 E모씨는 본인이 가지고 있는 자격증이 단 한 개도 없었다. 그렇다고 요즘같이 어린 청소년들처럼 학창시절 때 못된 친구들하고 어울려 다니며 술·담배 등 학생신분에 맞지 않는 어긋난 태도는 가지고 있지 않았다. 다만, 집중력이 부족하여 본인의 하고자 하는 의지가 현저히 떨어지는데다, 주위에 친한 친구들조차도 단 한 사람도 없었다.

그런데 어느 날은 자기 동네에 살았던 오래전 학창시절 때 2년 차이 나는 학교선배의 결혼식에 참석하는 일이 있었다. 그래서 그 선배와 오래간만에 만나 얼굴도 보고, 즐거운 표정으로 얘기하고 있었는데 그 학교선배 옆에, 마침 선배의 친구분 되는 분도 함께 있어서 자연스럽게 일면을 갖게 되었다. 서로 인사를 나누고 대화를 하다 보니, 학교선배 친구분의 직업도 자연스럽게 알게 되었다. 서울 근방 대도시에 있는 곳에서 작은 판금회사를 개인이 혼자 운영을 하고 있다고 이야기를 전해주었다. 그때 당시의 E모씨는 판금회사가 도대체 무엇을 만드는 회사인지 내내 궁금하기만 하였다. 때마침, 43세 남성 E모씨는 현재 특별히 하고 있는 일도 없이 하루하루를 무의미하게 보내고 있었으므로 학교선배의 권유로 그 일을, 한번 해보기로 시작하였다.

"판금이 뭔지도 잘 모르는데요!"(43세 남성 E모씨가 하는 말)
"이런… 쇠붙이 있잖아, 철판 같은 것 자르고 용접한다고 생각하면 돼!"(학교선배의 친구분이 하는 말)
"용접도 해요? 전… 용접할 줄도 모르는데…….''(43세 남성 E모씨가 하는 말)
"아니… 그런 건, 걱정 안 해도 돼! 내가 다 가르쳐 주는 대로만 따라 하면 누구나 다 충분히 할 수 있는 일이야! 어… 보니깐, 얼굴은 착실하게 생겼구만!"(학교선배의 친구분이 하는 말)
"감사합니다! 그럼, 한번 열심히 해볼게요!"(43세 남성 E모씨가 하는 말)

그리하여 며칠 후 친구분이 운영한다는 판금회사로 취직하여 일을 시작하게 되었다.

"어! 그래 왔어! 여기가 내가 일하고 있는 내 가게야!"(학교선배의 친구분이 하는 말)

"이야… 그럼, 여기서 혼자 일하시는 거예요?"(43세 남성 E모씨가 하는 말)

"응! 내가 여기 사장 겸 직원이라고 생각하면 돼! 자… 그러면 일단, 일 시작하기 전에 호칭 정리부터 하자! 이제는 네가 나를 사장님이라고 불러! 여기서는 내 회사니까 사장님이라고 부르고, 밖에 나와서는 그냥 편하게 불러도 돼! 알았지!"

43세 남성 E모씨는, 기분은 조금 떨떠름하였지만 그래도 명색이 판금회사 사장이므로 체면은 세워주자는 생각으로 대우해주며 그렇게 일주일 동안은 별 일 없이 수월하게 지나간 듯 보였다. 그러나 일주일 이후의 시간은 43세 남성 E모씨에게 너무나 길 정도로, 이곳에 있는 게 점점 불안하기 시작하였다.

"○○야!"

"예!"

"저기! 보루방(드릴링머신)으로 여기 이 제품들, 다 탭 내버려!"

"예! 그게 무슨 뜻인지…….”

"저기! 보루방(드릴링머신) 보여, 안보여?"

"보여요!"

"저걸로, 이 제품들 전부 다 탭 내라고!"

"저… 탭이 무슨 뜻인지 잘 모르겠는데요!"

"뭐! 허…엇(어이없다는 듯 웃으며) 탭이 뭔지도 몰라? 네 나이가, 몇인데 아직까지 탭도 모르고 살았냐! 그럼, 너 탭댄스는 출 줄 아냐? 이런 것 말이야! 이런 것!(두 발로 춤추는 동작을 흉내 내며) 탭댄스 출

때, 이 신발 밑바닥에 구멍 뚫어놓은 볼트 들어가는 구멍을 탭이라고 하는 거야! 그래도, 뭔 말인지 모르겠어! 저 기계로 이 제품들 전부 다 구멍, 뚫어놓으라고 인마! 하…아… 나, 돌아버리겠네……. 그래갖고, 밥 벌어먹고 살겠냐! 너, 내가 탭을 왜 뚫으라고 한 건지는 아냐?"

"아니요!"

"봐라! 이 제품에, 탭을 뚫어야 이 뚫어져있는 구멍 속으로 볼트를 끼울 수 있을 것 아니야! 그래! 안 그래!"

"그래요!"

"하… 아… 아니, 네 나이가 몇 살인데 아직도 이런 것 하나도 모르냐! 다 뚫었어?"

"아니… 지금 이거, 몇 개밖에 안 뚫었는데요!"

"그거 그 제품 한 개 이리 줘 봐! 자… 잘 봐! 이 뚫어져있는 구멍에다가, 볼트를 이렇게 끼워 넣는 거야! 그리고, 볼록 튀어나온 이 볼트에다가 다시 한번 너트로 이렇게 한 번 더 끼워줘야 이 볼트가 안 흔들리고 꽉 고정이 되는 거야! 이제, 알았어!"

"예!"

"야! 저기, 저 몽키 가져와봐! 이것도 오늘 고객한테 주문 들어온 제품인데, 어차피 그라인더로 한번 갈아야 되니까 일단 볼트는 풀어놔야지! 야! 얼른, 몽키 가져오라니깐! 나, 얼른 거래처 가서 고객주문 설명 듣고 와야 된다니깐! 야! 뭘, 그렇게 꾸물거리냐? 몽키, 가져오라니깐 몽키를 만들어 갖고 오냐? 몽키 주라고 인마!"(43세 남성 E모씨의 뒤통수를 힘차게 가격하며)

"저… 어… 몽키가 어떤 건지……."

"뭐… 흠…….(어이없다는 듯 한숨을 크게 쉬며) 몽키를 모른다… 몽키를 모른다…. 몽키를 모른다…. 야! 그럼, 너 스패너는 아냐?"

"아니요!"

"합쳐서 몽키스패너! 그래도, 잘 몰라? 몽키, 몽키, 몽키, 몽키매직! 몽키, 몽키, 몽키, 몽키매직! 원숭이 나무에 올라가… 후루룽 까꿍! 몽키, 몽키, 몽키, 몽키매직! 원숭이 나무에 올라가… 후루룽 까꿍! 몽키, 몽키, 몽키, 몽키매직! 이라고, 신바람 이박사가 부르던 그 몽키, 모르냐고? 몽키가 원숭이 아니야! 영어로 말하면! 매직은 영어로 마술이고! 원숭이가 마술을 부린다! 암만, 영어 못 하는 나도, 이 정도는 아는데 너는 애가 왜 그 모양이냐!"

이처럼, 약자보다 나쁜 사람이 나이가 더 많은 경우에는 신체적 폭력까지 동원된 학대를 당하게 되니 실로 그 아픔, 얼마나 비통하고 응어리가 졌겠는가? 그래도 폭력을 사용한다는 것은 결코 용납될 수 없는 비인간적인 학대행위이다. 그것도 나이가 마흔이 훨씬 넘은 사람에게 신체적인 폭력을 가한다는 건 야만인과도 같은 사람에 불과할 것이다. 방금 이야기한, 이런 경우는 자기주장에 확고함이 부족할 뿐더러, 자기의 견해를 제시할 때 넌지시 제시해야 되는지, 자신 있는 말투로 당당하게 제시해야 되는지 상황파악을 제대로 하지 못한다는 것이다.

물론 자신의 무능력한 점도 있겠지만 말이다. 어쩌면 이것보다는 자신이 익숙하지 않은 세속적 환경에 처해있는 가운데 본인이 무엇 하나라도 실천해 보려고 하는, 의지부족도 있겠지만 이런 것들도 실제로 그 상황과 맞닥뜨려 보지 않는다면, 내 안의 두려움은 자꾸 회복되어지지 않은 채 거리감만 점점 더 벌어지므로, 지은이로서도 이야기 속의 당사자가 열린 시각으로 언제나 배우고, 내가 왜 이래야만 하는지, 내가 왜 이런 사람에게 당해야 하는지, 내가 이들(나쁜 사람들)과 비교해봐서 못한 점은 무엇인지를 한번 골몰히 생각해보고 자신이 갖고 있는 약점들을 극복하기 위해서 보완하고 커버해나간다면 나중에는 일반인들 못지않게 본인의 역량, 충분히 성숙될 수 있을 거라 본다.

또 나쁜 사람들이 특히 잘 괴롭히는 약자의 유형으로는, "그래서 결론이 뭔데요?", "그래서 뭐 어떻다구요?", "하고자 하는 말이 뭐예요?", "네 대답 듣다가는, 오늘 점심메뉴로 김치볶음밥 나오는데 맛있는 김치볶음밥도 못 먹겠다!"와 같이, 확실하게 이야기의 한 토막을 끝맺지 못하고 횡설수설하면서 시간을 질질 끄는 스타일을 유난히 잘 괴롭히는 습성이 있다. 언뜻 보아도 당사자가 우유부단하거나, 의기소침하다는 것을 눈치 챌 수 있을 것이다. 이런 사람은 자신이 이야기하고자 했던 요지를 반복적으로 잘 다듬어볼 필요가 있다. 자신이 표현하고자 했던 바를 상대에게 요령껏 토로한다고 하지만, 평소에 사람들과의 만남이 부족하여 대화를 털어놓을 기회가 넉넉지 않고 과거에 가까운 주변인에게 충분한 신뢰감을 심어주지 못해, 이야기를 듣고 있던 남들도 당사자의 대화 중간에 끼어들어 대화를 끝까지 이어나가지 못하고 중도 종료된 경험들이 있었을 것이라고 본다. 이렇게 되면, 당사자는 이야기의 끝말은 그다지 중요성이 크지 않다고 생각해, 끝마무리에 대한 준비가 미비한 채로 남아, 본의 아니게 만성 습관으로도 귀결될 수 있다. 그러면 그럴수록 남에게 자기 자신의 주장을 확실히 펴지 못하는 줏대 없는 자로 낙인찍히고, 노예취급을 받을 수가 있다.

그러니 여러 사람들 앞에서 눈 마주치기를 피하지 말고, 표현에 서툴러도 내가 장차 크고, 앞으로도 이런 사람들과 직장생활을 오래 해나가기 위해선 자꾸자꾸 대화의 마무리에 중점을 두어, 부지런히 언어훈련을 실천해서 "~합니다! ~해요! ~데요!"처럼, 확실한 끝마무리의 말이 입가에서 터져 나올 수 있도록 기운 내어 개선해보도록 하자.

09
의류매장 백화점에서 근무하는
사회초년생 P모씨의 고달픈 노동생활

나쁜 사람은 약자가 최종학교 졸업하고, 사회생활경력이 제대로 갖추어지지 않은 사회초년생이나 혈기왕성한 나이어린 사람들을 유독 자기의 취향대로 이용하려는 성향이 강하게 있다. 본보기를 들어보자면, 의류매장백화점에서 아르바이트로 들어온 21세 여성 P모씨는 나이도 아직은 어린데다가 사회경험이라곤 거의 전무할 정도로 마땅히 할 일은 없고 또 입에 풀칠이라도 해야, 생계를 이어나갈 수가 있기 때문에 이 일이라도 해서 생활에 보탬이 되고자 열심히 일하기로 마음을 먹었다. 그 백화점에는 P모씨를 제외한 고참 언니 2명이 더 있었고, 이들을 관리할 매니저가 따로 1명 있었다.

그런데 하루는, 이 백화점 창고재고조사를 위해 의류들을 각 품목별로 분류하는 작업을 하게 되었다. 제일 고참인 첫째 언니는 매니저님께 볼일 때문에 먼저 집에 들어가 봐야 한다고 얘기를 하면서 이른 시간에 퇴근하고, 의류 분류하는 작업은 이 여성 P모씨와 그 위 바로 고참인 둘째 언니와 단둘이서 밤 10시가 넘어서까지 야근을 하게 되었다.

그런데, 둘째 언니가 갑자기 볼일이 있어 잠깐만 밖에 나갔다가 들어온다고 얘기하면서 현장 밖으로 모습을 감추었다. 둘째 언니가 잠깐 볼일 보러 밖에 나가고 난 뒤에도 이 여성 P모씨는 묵묵히 혼자서 그 모든 의류들을 품목별로 정리하는 작업을 계속 해나갔다. 그러나 밤 11시가 되어도 둘째 언니가 나타날 기미가 안보이자, 핸드폰을 꺼내 전화연락을 하려고 하였다. 그런데 문득, 머리를 스쳐지나가는 생각 하나가 있었다. 이 백화점이라는 곳이 직원과 직원 사이, 그러니까 먼저 들어온 직원과 더 늦게 들어온 직원들과의 선후배 위계질서가 엄격하다는 것이었다. 쉽게 풀이하자면, 자기보다 먼저 이곳에 들어온 고참 언니가 일하고 있는 도중에 잠깐 밖에 나가 돌아오지 않아도 후임직원이 함부로 전화연락해서 왜 안 돌아오는지, 물어볼 수가 없다는 것이었다.

언뜻, 이 계통에 문외한인 사람들한테는 이해 불가한 측면도 엿보이겠지만, 백화점 관례상 이렇다는데 어쩌겠는가? 남성들로 치자면, 군대의 고참과 후임병 관계로도 비교할 수 있을 것 같다. 그렇게 계속해서 마냥 둘째 언니가 돌아오기만을 기다릴 수 없어, 이 여성 P모씨는 용기 내어 전화통화를 하고, 둘째 언니가 전화를 받았는데 그 둘째 언니가 말하기를 "아차! 이런…. 내가, 너한테 전화 안 했어?", " 예… 그게… 무슨 말인지?", "그냥, 퇴근해!"라고 말하자, 이 여성 P모씨는 "그러면 언니, 지금 어디신데요?"라고 물으니까, 이 둘째 언니가 말하길, "야! 나, 지금 집에서 밥 먹고 있는 중이야!"라고 말하는데 순간 이 여성 P모씨는 너무 당황해서 온몸이 다 얼떨떨하고 기분이 몽롱하였다. 분명히 그 둘째 언니가 재고 조사할 때 잠깐 어디 좀 나갔다가, 들어온다고 했었는데 그길로 곧장 집으로 들어가 버렸으니 기가 안 막히겠는 가? 그래서 이 여성 P모씨는 사태를 바로 수습하고자, 재차 그 언니에 게 "잠깐 볼일 보러 나갔다가 돌아오신다고 하지 않으셨어요?"라고 물 었더니, 그제야 자기도 뭔가 착각했다는 듯, "아! 내가 깜빡했다! 아까, 매니저님이 집으로 가라고 했었는데 내가 너한테는 전화연락을 안 해 줬나 보구나!"라고 말하는데 이 말을 듣고 있던 P모씨는 황당하기 그 지없었다. 더군다나 이 백화점에 들어온 지 얼마 되지도 않았는데, 거 기에서 또 따진다는 것은 더더욱 일어나서는 안 될 상황이었다. 그리 고 그렇게 알아듣고서 전화를 탁 끊는데, 갑자기 이 여성 P모씨의 눈에 서 눈물이 왈칵 쏟아져 내렸던 것이다. 정말로 어찌나 서러움에 북받 쳤으면, 눈물이 하염없이 흐를 정도로 가슴이 미어졌을까? 아무리 보 아도, 암만 생각해도 그 언니가 깜빡하고 전화를 안 한 게 아니라, 억지 로 이 여성 P모씨를 골탕 먹이려고 고의로 전화를 안 했다는 것을 오랜 시간이 지난 후에야 알 수 있었다고 한다. 그리고 P모씨는 집으로 돌 아올 때까지 이 일을 계속할까, 말까 고민하고, 그 다음날 아침에 일어 나서도 머릿속은 온통 출근할까, 그만둘까 하는 걱정의 연속이었지만, 경제사정이 좋지 않아 그래도 한 번 더 버티어보자고 다짐하고, 백화 점으로 출근을 했다.

그렇게 하여 또 며칠이라는 시간이 흐르고, 어느 한 오후 점심시간이 었다. 그런데 이 점심시간에 밥을 먹으려고 해도, 백화점 규칙상, 첫째 언니, 둘째 언니, 그 다음 3번째로 그것도 12시가 아닌, 오후 2시부터 이 여성 P모씨가 순서대로 먹어야만 했었다. 그리하여 오후 2시가 다가오 자, P모씨는 식당으로 내려가서 점심밥을 맛있게 먹을 수 있었다. 그런데 이때, 때마침 둘째 언니한테 전화가 걸려왔다.

그래서 이 여성 P모씨는 밥 먹다가 전화를 받았는데 그 언니가 하는 말이,

"야! 너, 지금 뭐해?"
"예? 저, 지금 식당에서 밥 먹고 있는데요!"
"야! 너 그렇게 개념 없냐! 야! 지금 매장에 손님이 이렇게나 많은데 백화점에 손님들이 많이 있으면 고객들 먼저 챙긴 다음에, 네 할 일 해야 될 거 아니야!"

라고 말하는데,

순간 P모씨는 이 말을 듣고 완전히 기가 죽어버렸다. 그리고 P모씨는 부랴부랴 대충 입안에 들어있는 음식물을 오물오물 씹은 채, 황급히 엘리베이터를 타고 의류매장 출입구에 다다라서 내리려고 하는데, 그 엘리베이터 출입구에 때마침 둘째 언니가 딱 서 있으면서 하는 말이, "야! 너, 지금 나하고 장난하자는 거냐? 내가 백화점에 손님들 많이 있다고 했어? 안 했어? 그리고, 너한테 핸드폰으로 문자 보낸 거 받았어, 안 받았어?"라고, 무섭게 노려보며 화를 내는데, 정말로 기절할 것 같은 심정이었다. 게다가 그 광경을 보고 지나가는 고객들, 그냥 그 자리에서 가만히 그 모든 광경을 다 지켜보고 있었던 고객들 앞에서 이 난처한 상황을 어찌 받아들여야 할지, 눈앞이 캄캄하였다.

그날 이후로도 이 여성 P모씨는 그 고참 언니들의 시야에서 쉽게 벗어나지를 못했다. P모씨가 일하고 있는 의류 매장의 매니저도 이 여

성 P모씨의 이런 고충을 늘 보아왔던 일인 것처럼, 이 언니들에게 당하고 있는 장면을 눈으로 보고 있었지만, 아무런 제재조치도 취하지 않았다. 고작, 이렇게 사회생활이 부족하다는, 나이가 어리다는 이유만으로 이 여성 P모씨는 자신이 다니던 직장 생활에서 일말의 만족감도 느끼지 못한 채, 허무하게 무너져 갔다. 결국, 여기에서 더 이상 자기만의 존재의 필요성을 느끼지 못한 채로 그만두게 되었다고 한다.

이와 같이 나쁜 사람들은 사회경험이 부족한 사람들을 가르쳐 봐야 며칠 못 가 그만둘 게 뻔하다는, "나이가 아직 어린데 무얼 알겠어! 사고만 치다가 그냥 나가겠지!"라는, 잘못된 선입견으로 이들을 영 달갑지 않게 받아들이고 모진 술수를 써서 내 손안에 든 장난감마냥, 자유자재로 이용하려고 한다. 그저, 먹고살아가기 위해 이 몸 기꺼이 직장에 투척해 본다지만, 이런 오만방자한 나쁜 사람들의 글러먹은 행태에 중독지수 초과량을 넘겨버린 스트레스로 본인뿐만 아니라, 혹여나 제3자에게까지 몹쓸 공포 분위기가 퍼지지 않을까 전전긍긍하기도 할 것이다. 그동안 피해로 얼룩진 상처가 다 아물기 전에, 이런 나쁜 행태를 일삼는 사람들을 한자리에 불러 모아 함부로 밖에 나돌아 다니지 못하도록 폐쇄격리조치를 취할 수 있게끔, 상소문이라도 올리고 싶은 심정일 것이다.

지금도 이와 같은 노동현장에서 나쁜 사람들에게 당하고 있을 근로자들을 위해서 하루빨리 법률개정을 조속히 시행하여 보다 나은 사회제도개선책으로 이런 불합리한 폐해들이 약자들이 살아가는 이 세상에서 더 이상 뿌리내리지 못하도록 강경하게 입장을 표명해보는 바이다.

제2장

각 유형별 나쁜 사람

01
교묘한 속임수를 내세우는 유형의 나쁜 사람

　나쁜 사람은 자기가 일하고 있는 직장에 새로운 신입사원이 들어와, 자신과 2인 1조로 협력해서 일을 하는 업무를 맡았을 때, 자신과 같은 일을 보조하기로 했던 신입사원이 자신의 마음에 맞지 않는다고 생각되면 그 신입사원이 아무런 잘못 없이 일을 잘한다 해도, 교묘한 잔꾀를 부려서 억지로 그 신입사원의 일처리 방식이 틀렸다며 그 라인 담당자(관리자, 현장책임자)에게 또 다른 신입사원으로 교체해 달라고 요구한다. 이 사람(나쁜 사람)은 자기가 현재 하고 있는 일이, 회사 시스템상 혼자서는 일을 하지 못하고 또 다른 한 사람과 도우면서 일처리하는 형태이기에 이왕이면 자기와 같이 오래도록 일하고, 또 무엇보다 자신이 다루기 쉬운 사람과 일하기를 원한다. 신입사원이 덤벙대어 실수하거나, 현장 돌아가는 작업요령에 익숙지 않으면 관리자에게 건의해 볼 수는 있으나, 새로 들어온 신입사원이 아무런 실수조차 없고 특별하게 일처리 수준이 뒤처지지 않는다면 굳이 다른 신입사원과 바꿀 이유가 없다.

이것은 나쁜 사람이 자기와 같이 일하는 신입사원이 일은 잘해도, 왠지 자기(나쁜 사람)가 봤을 때 무언가 불편하다고 생각하기에 일하는 내내 어색한 장면과 눈빛교환에 어려움을 호소해 관리담당자에게 다른 사람과 바꾸어주기를 요청한다. 그런데 거기에 아무 죄 없는 신입사원에게 작업순서가 틀렸다거나 제품 다루는 요령이 잘못되었다고 사리에 맞지도 않은, 규칙에도 없는 작업규율을 자기 자신(나쁜 사람)이 만들어내면서 자기와 맞는 스타일의 사람을 선택하고 아무런 죄 없는 신입사원을 일처리에 미숙한 사람으로 거짓소문을 퍼트리면서 주변의 동료들에게까지 알려주어, 신입사원으로 하여금 수준 낮은 자로 오해를 받게 해, 결국은 싸늘하게 대하는 회사분위기를 이겨내지 못하고 신입사원이 스스로 퇴사하는 길을 걷게 만드는 행위는 반인륜적인 짓이다.

이와 같이 이런 나쁜 사람들이 근무하고 있는 회사는, 대개가 비뚤어진 조직문화를 갖고 있다. 그(나쁜 사람)를 둘러싸고 있는 직장동료들도 거의가 나쁜 사람들을 두둔하고 각자의 행동에 거리낌이 없으며 심지어는 이 나쁜 사람의 상관마저도 한통속으로 담합하고, 굳건한 심복 관계를 긴밀히 유지하고 있으므로, 신입사원이 암만 자기의 부당한 속사정들을 억울하게 호소해도 이들의 철딱서니 없게 썩어빠진 비양심적인 행위에 대적하기에는 아마 역부족일 것이다.

이들끼리는 서로 간의 호칭도 여느 일반 직장에서 통용되는 호칭이라기보다는, 사회에서의 친분 있는 가까운 형님, 동생사이 같은 자연스러운 어조로 불리어지고 이들이 구사하는 언어도 자유자재로 반말,

욕설, 비속어를 쓰지 않으면 그날 하루하루가 유쾌하지 않을 정도로, 언어표현방식에서도 특유의 괴팍함을 여실히 드러낸다.

이러한 유형으로 간단한 예를 들어 보인다면, 다음과도 같다. 어떤 신입사원이 완전한 생산품을 만들기 전에 하나의 부속품을 다듬는 공정단계에서 부속품을 도색(색칠)하는 업무를 맡았는데, 이런 작업은 말 그대로 색깔만 겉에 발라주면 끝나기 때문에 여기에서 불량제품이 나온다는 것은 극히 희박하다. 이 말인즉슨, 불량률이 제로에 가깝다는 말이다. 그것도 원재료를 배합하는 담당 작업자가 이전 공정단계에서 원료배합을 다 끝냈다면, 뒤 작업자는 그대로 그 부속품 하나하나를 꺼내다가, 도색 처리만 해주면 그 상태로 도색한 부속품들이 마르기까지 눈으로 잘 살펴보면 그만이다. 쉽게 말해 초등학생도 할 수 있을 정도로, 특별한 기술이 필요하지 않다는 뜻이다. 그런데 이 나쁜 사람들은 이 일마저도 어떻게 하면 저 신입사원을 내 곁에서 멀리 떨어지게 만들어, 어색한 사이를 피해갈 수 있을까 하고 고심 끝에 고안한 방법이 터무니없는 교활한 수작이다 이 말이다.

"야! 그렇게 하지 말고, 색을 입힐 때 이렇게 가볍게 묻혔다가, 들어올리란 말이야!""이 손으로 들고 있다가, 15도 각도만 기울이시라고요!"

이런 식으로, 나쁜 사람이 지시를 내리는데, 보면 볼수록 답답하고 어이가 없는 행위의 연속이다.

이뿐만 아니라, 제품 포장하는 작업에서도 마찬가지다. 완성된 제품을 포장지로 감싸서 이동식 대차에 실어 넣는 작업을 한다고 할 때, 이일 역시도 특별한 기술이 별로 요구되지 않는다. 눈에 보이는 제품을 포장지 위에 살포시 올려놓고 밑에 깔아두었던 포장지를 그대로 감싸서 덮어주고, 이동식 대차에 넣어주면 그만이다. 그런데 이 나쁜 사람들은 포장했던 제품을 대차에 집어넣을 때, 집어넣는 요령이 틀렸다고 핑곗거리를 만든다. 물건과 물건끼리 겹겹이 겹쳐서 대차에 실어 넣으라고 하는데, 여기에서는 이 일이 중심적인 역할을 할 정도로 크게 부각되지 않는다. 어차피 완성된 완제품을 포장지로 겹겹이 감쌌기 때문에 어느 면이 전·후면인지 분간하기도 어렵고 또 그렇다고 해서 제품과 제품끼리 맞닿아 흠집 날 위험성도 적다. 대차에 집어넣는 요령도 당시 현장에 컨베이어 기계장치가 설치되어 있다면 모를까, 그게 아니고 차근차근 각 공정파트별로 순서 있게 넘어온다면 시간적인 여유는 충분하므로, 제품을 어떻게 잡든지 그건 본인 마음이고 불량만 안 나오면 그만이다.

또 다른 예로, 어떤 신입사원이 커다란 종이박스 뭉치를 한 아름 들고 일어서는 순간이나, 아니면 내려놓을 때, 마침 그곳에 자리 잡고 있는 나쁜 사람이 이 행위를 보고, 관리담당자에게 보고하는 형태이다. 현장 바로 앞에서, 지켜보고 있는 사람들조차 도대체 무엇이 잘못됐는지 알 수 없는 대목이다. 나중에 가서야 밝혀진 원인인즉슨 종이박스 뭉치를 들고 일어설 때나, 아니면 종이박스 뭉치들을 바닥에 내려놓을 때, 바람이 그들(나쁜 사람)한테, 그들이 작업하고 있는 얼굴방향으로 불어온다는 것이다. 그것도 바람과 더불어서 먼지도 함께 날아온다는 것이다. 그러면서 자기 주위에서 되도록 멀리 떨어져있기를 담당관리자에게 요구한다. 그런데 이러한 경우는, 아무리 그 현장을 책임진다는 관리담당자라 해도 참으로 판단내리기가 어려울 것 같지만, 가재는 게 편이듯 이것을 보고 있던 상급자도 나쁜 사람과 같이 오랫동안 이곳에서 근무한 점이 있기에, 여기에 기꺼이 뜻을 동조해, 신입사원이 하려고 하던 행위에 행동의 자유를 제한시켜버린다. 그나마, 여기에서 다른 사람과 교체되지 않으면 다행이다. 자신의 업무는 그대로 유지할 수 있으니 말이다.

이 일 말고도, 다른 예로 이 회사 신입사원이 나쁜 사람과 우연히 눈이 마주치게 되었을 때, 이것을 빌미로 나쁜 사람이 단지, 자기하고 눈이 마주쳤다는 이유로 굉장히 난색을 표하면서 신경질을 낸다는 것이다. 그리고 이 일을 상급자에게 보고하여 자신(나쁜 사람)이 눈 마주치기를 꺼려하는 신입사원과 거리를 두게 하기 위해, 그 신입사원의 근무지를 이동시켜줄 것을 요청하는 것이다. 이러한 형태는 매우 보기 드문 경우이라, 세간에 잘 퍼지지 않았을 것이다. 이러한 경우는 상급자에게 요청한 당사자가, 여성사원일 확률이 높다. 이렇게 되면, 신입사원은 이 업무보다 더 강도가 높은 업무라인에 배속되어, 새로운 공정라인에서 자신의 주어진 일을 해내지만, 그것도 얼마 버티지 못하고 스스로 발길을 되돌려 나와야 하는 어처구니없는 장면을 연출하게 된다. 이러한 나쁜 사람들은 이 직장에서 오래 근무하고 싶기에, 또 본인이 몸담고 있는 회사에 자신의 뜻과 동조하는 무리들을 거느리고 있기에, 새로운 신입사원이 자신의 곁에 있는 것이 자기들 보기에, 껄끄럽고 부담스럽다고 생각되면 즉시 외면해버린다. 그러면 그럴수록 아무 죄 없는 애꿎은 신입사원들만 희생양이 되고, 또 이들(신입사원)의 떠돌이생활은 그만큼 더 늘어나게 된다. 도대체 당신들(나쁜 사람들)은 어떠한 관점으로 바라보는 타입을 원하길래, 신입사원이 자기임무, 하자 없이 수행하는 것도 그렇게 꼴사납게 보이는가! 여태껏, 당신들의 정상적인 시력컨디션으로 신입사원이 위반된 규칙조항 생성하지 않는 것, 보아오지 않았는가? 헌데, 그 무슨 꿍꿍이속으로 남을 짓궂게 대하지 못한다면, 어디 겨드랑이에 독버섯이 자라나고 근질거리기라도 한다는 말인가? 당신들도 애써 격식차려 준비하고 이곳까지 무사히 면접 통과하여 들어왔을 것인데, 기껏해야 반 푼어치도 안 될 교활한 수법들을 동원하면서 표준에 어긋나는 부조리를 들추어 보이는 건, 도대체 무슨 망발이란 말인가? 당신들도 그곳에서 언제까지 자리 확보할 것이라, 자신만만하기 어려울 것이다. 그곳에서 만약 물러나게 되면, 자신들 또한 새로운 직장에서 안주하기 위해 다시 또 옹졸한 방법으로 꾸며대기에 급급할 것이다.

이러한 광경 또한, 이 필자의 체험과 두 눈으로 현장스캔 되어있으니, 아마 의심의 여지는 없다고 본다. 교묘한 속임수를 내세우는 유형으로 또 다른 유형을 살펴보면 이 나쁜 사람은 평상시에는 선한 이미지를 풍기며 깍듯이 대하는 얼굴을 보여주지만, 만약 자신의 일이 힘들어지면 불같이 화를 내는 이중적인 면을 가지고 있는 스타일의 유형이다. 이러한 이중성격을 가진 나쁜 사람은 평소에 자신의 폭군성격은 감쪽같이 감추어두고, 친절하고 따뜻한 미소로 사람을 반기어준다. 그러나 직장의 업무가 시작되는 순간, 평소의 평범했던 이미지와는 사뭇 다른 분위기를 연출한다. 거기에다가 새로운 신입사원이나 경력이 얼마 되지 않은 직장동료가 하는 일이, 나쁜 사람이 보기에 썩 마음에 들지 않는다거나 본인의 일이 힘들어지게 되면 흉측한 악마의 얼굴을 드러내고 만다. 이들의 자아 이면에는 선과 악이라는 양면성을 띤 존재가 공존하고 있다. 평상시에는 얼마나 치밀하게 포장하였는지 그 속내조차 뚜렷하게 알 수 없게 만든다. 이들(나쁜 사람)은 본인만의 감정기복이 심한 탓에 한바탕 크게 상대방을 윽박질러버려야, 화장실 변기 뚫듯이, 기분이 풀린다. 그러나 본인들 또한 사람이므로 직장에서 안 쫓겨나기 위해서 가급적 이러한 본인의 극단적인 이중성격을 직업적인 특성상, 적절히 조절해내면서 분노를 표출한다. 그리고 그 대상은 이제 갓 이 회사에 입사한 신입사원이나 그간 사이가 좋지 않았던 같은 라인에 근무하는 동료직원이 그 주요대상이 된다.

이들은 신입사원이 자기가 근무하고 있는 곳에 들어오면 처음에는 정말로 친절하게, 상냥하게, 예뻐 보일 정도로 그렇게 예의 바를 수가 없다. 처음에는 이 회사 운영형태의 각 공정단계별 과정들을 모르다 보니, 서두를 필요가 없다면서 생산물량이 많이 나오지 않아도 되니 천천히 실수 없도록 잘 살펴가면서 일하라고 다독거려준다. 그리고 근무시간 사이사이마다 쉬는 시간을 이용하여 적당한 장소로 안내해주면서 차 한 잔도 권해주고, 궁금한 내용이나 불편한 점이 있으면 바로바로 터놓고 얘기해도 된다고 긴장감을 풀어주면서 마음을 안정시켜준다. 그리고 점심시간 때도 역시나 마찬가지로 바로 앞좌석에 착석하면서 신입사원이 밥을 다 먹을 때까지 충분히 지켜보고 기다려준다.

그러나 나쁜 사람이 이렇게 호의적으로 대해주는 시간은 일주일을 채 가지 못하고, 그동안 감추어 두었던 극단적인 이중성을 서서히 드러내기 시작한다. 하루 물량계획표가 적게 잡혀 있는 날은 여느 보통의 일과처럼 느슨하게 지나가지만, 그날 하루물량이 평균치를 초과하게 되면, 그만큼 더 탄력을 받게 되고 작업도 힘들어지게 되므로 이 나쁜 사람의 본모습은 흥분에 휩싸인 채 드디어 표출되고 만다. 하지만 신입사원은 아직 각 공정라인 근무파악이 덜 된 상태라, 작업하는 동작도, 작업하는 속도도, 더디기만 하고, 품목별 자재창고 위치파악도 허술하기 짝이 없을 것이다. 그러나 이 나쁜 사람은 지금 자신의 일이 눈코 뜰 새 없이 불완전하게 흘러가고 있고 쉴 틈도 내주지 않는 저 야속한 컨베이어 속도에 못 이겨, 이내 마찰음으로 중무장한 폭언과 화가 터져버리고 만다.

"아니, 지금 뭐해요! 지금, 일을 하자는 거예요? 아니면, 장난치자는 거예요? 지금, 그 일이 그렇게 바빠요! 으휴…. 내가 미쳐! 그거, 놔두고 빨리 이리로 오시라고요!"

몹시도 불쾌하게 대하는 화가 난 표정에 신입사원은 그쪽으로 부리나케 걸음을 옮겨보지만, 한껏 주눅 들어 기가 죽어있는 둔한 움직임에 쏟아져 나오는 제품들을 다루기조차도 버겁게만 느껴진다.

"지금, 제품 코드번호, 불량확인 다 하고, 박스에 담으시는 거예요?"

연이어 쉴 새 없이 쏟아지는 제품들을 주워 담기에도 바쁜 이 판국에 마치 이 기회가 오기만을 기다렸다는 듯이, 나쁜 사람은 일방적으로 이 비난의 화살을 신입사원에게 연거푸 쏟아낸다. 잠시 하고 있던 작업을, 나쁜 사람의 따끔한 일침 한소리 때문에 하던 동작을 멈추고 귀를 돌려 듣고 있던 사이에, 컨베이어 위에 놓여 있는 제품들은 쉴 새

없이 쏟아져 내려오고 급기야, 바닥으로 내동댕이쳐지는 제품들로 난리를 이루게 된다. 이쯤에서 당연히 또 한소리가 터져 나올 게 뻔하다.

"지금, 뭐하세요? 지금, 제품들, 바닥에 다 떨어지고 있잖아요! 빨리 주우시라고요!"

필시, 사고는 이것뿐만이 아니다. 옆에서 닦달하는 소리에도, 바로 앞에 기계 돌아가는 소리에도, 또 바닥에 제멋대로 널브러져 버린 제품들을 일일이 다 수거하는 데에도 신경이 집중되어 당사자로서는 정신이 하나도 없을 지경이다. 거기에, 생산되어 나오는 제품이 큰 충격을 받아, 파편이라도 튀게 된다면 그 조그마한 파편덩어리들을 샅샅이 뒤져 찾아내야 한다. 그 와중에 컨베이어 위에 올려져있는 제품들은 자꾸자꾸 계속 쏟아져 내리고 바닥에 또 떨어진다. 그러면 또 반복해서 주워내야 한다. 주워내고 있는 도중에, 이번에는 컨베이어 위에서 내려져오는 제품에 머리를 다칠 수도 있다. 거기에 이 나쁜 사람의 잔소리는 이 모든 상황을 다 지켜보고 있었는데도, 끊이질 않는다.

"잘한다 잘해! 물건, 다 아작내고……."

기어이 보다 못한 나머지, 옆에서 아주 몹시 화가 나있는 상태로 오히려 제품들에게 화풀이하여, 제품들을 오만하게 박살내버린다. 이 모든 광경을 바로 옆에서 지켜보고 있는 신입사원은 차마 어쩔 줄 몰라하며 말문이 막혀버린다. 그러나 이 나쁜 사람의 이 같은 행동은 그곳을 담당하는 현장책임자 앞에서는 조용히 꼬리를 내려버린다. 불같이 화를 내는 얼굴 표정은 도무지 찾아 볼 수 없을 정도로 말이다.

이 모든 상황이 다 정리되고 다음날 다시 또 원래대로 하루 생산물량이 평균치에 이르면, 이 나쁜 사람은 즉시 또 여유로운 얼굴 표정으로 바뀌게 된다. 바쁠 때는 원래 그렇게 된다면서 말이다. 도대체 이런 나쁜 사람들은 생활패턴이 얼마치의 좋은 그릇을 사용하길래, 그릇된 폭군 도취자로서 상대방으로서 도저히 이해 불가한 사이코패스적인 정신병적 기질로 상대에게 차마 얼굴을 빤히 쳐다볼 수 없을 정도로 두려움을 안겨주는지 심히 연구해볼만한 가치가 있어 보인다.

이렇듯 나쁜 사람은 직장에서 본인조차도 통제가 불가능할 정도로, 하루에도 몇 번씩 나타나는 감정기복에, 본인이 떠안고 있는 심적 부담감도 아마 있으리라고 본다.

보통 사람들도 이들처럼 활화산같이 불타오를 정도로, 엄청난 기세로 확 달아올랐다가, 갑자기 순한 양처럼 귀여운 얼굴로 겸연쩍 하면서 봐주라고 하지는 않는다. 그러면 이들(나쁜 사람)처럼 직장생활을 해 나가는 데 있어서 문제가 있을 테니 말이다. 자기가 평소에 상대에게 기쁨 주고, 웃음 주었으면 일이 갑자기 빨라지고 바쁘다한들, 이제 갓 이 직장에서 적응하는데 무척이나 긴장하고 발버둥치는 신입사원에게 호되게 야단치고 주눅 들게 하지 말자. 그렇지 않아도 바빠서 일 진도가 나가지 않는 판국에, 지킬박사와 하이드 같은 성난 모습으로 타인을 혼낼 시간이라도 남아있겠는가? 그러면 그럴수록 더 다급해지고 실수도 연달아 발생해, 손해 보는 사람은 오히려 자기 자신(나쁜 사람)이 될 것이다. 모쪼록 본인의 이중성격으로 말미암아 심각한 영향을 끼칠, 타 동료나 신입사원을 생각하여, 마음의 잣대를 가지고서 본인의 변덕스러움의 평가지표를 측정해, 남과 대조해 보았을 때, 본인의 일정한 범위를 넘어서는 이중적인 행위는 가급적 자제해 나가도록 힘써보자.

02
부가가치를 창출하려고 하는 유형의 나쁜 사람

이 유형은 한마디로, 기득권을 뽐내서 자신의 이익을 챙기려는 스타일이다. 나쁜 사람은 현재 자신이 일하고 있는 분야에서 자기와 같이 보조를 이루면서 작업할 사람을 뽑아야 되는데, 정작 나쁜 사람은 업무능력과는 별개로, 자신의 관심사는 딴 데에 있다. 새로 들어온 사람이 일을 잘하든, 못하든 상관없고 자신의 내재된 욕구를 충족시켜줄 수 있는 사람이면 된다. 이를테면, 자기와 같이 일하고 있는 업무시간 중에 업무의 따분함을 지워줄 수 있는 즐거움을 안겨주거나, 자신의 특정 부분의 결함을 새로운 사람이 해소해줄 수 있다거나, 아니면 새로운 사람을 고용하는 조건으로 새로운 사람에게 공물을 취한다거나 또는 새로 들어온 사람에게 어떠한 경비를 부과시키게 하는 것들이다.

이런 사람들은 보통 자신이 맡고 있는 직위가 높은 등급에 속한다. 어느 정도까지 높은 직분인지는 정확히 가늠해 볼 수는 없으나, 필자가 보아온 바 이와 비슷한 형태를 나타낸다. 이들은 계급은 낮다 해도 관리자를 포섭하는 데 일가견을 갖춘 이들도 있고, 또 이들의 후면에는 든든한 간부급 관리자들이 자리하고 있다. 또 이들이 하는 업무는 비교적 심층연구를 해야 할 정도로, 머리를 쥐어짜야 하는 업무스타일이 아니고 단순 반복되는 작업형태이다. 회사의 인사부서나 아웃소싱 업체에서 신입사원을 채용해, 일하는 작업현장에 데리고 들어오면 나쁜 사람은 그중에서 자기와 같이 일할 한 사람을 선택하는데, 자기(나쁜 사람)가 싫으면 그 즉시 거절한다. 그래서 거기에서 선택된 신입사원과 한데 어울려 작업을 해나가는데 이미 자기 자신은 이 회사의 돌아가는 시스템을 파악하고 있는 상태이기 때문에 그다지 큰 어려움은 들이지 않고, 나머지 반복되는 단순하고 지루한 작업은 신입사원에게 맡겨 사수, 부사수로서의 기능을 함께 하게 된다.

자연히 항상 가까이 마주보고 일을 해나가기에, 서로의 개인사라든지, 업무 외의 부수적인 일에도 관심을 가지게 된다. 그런데 이 나쁜 사람은 이 신입사원을 자기 부서로 채용시켜 주었다는 빌미 하나로, 되도록 쉽고 간편한 일을 신입사원에게 맡기는 대신에, 나쁜 사람의 어떠한 요구조건을 들어주기를 바라는 흉계를 꾸민다. 가령, 이 신입사원이 현재 월세로 살고 있는 형편이라면, 자신의 빈방을 임시로 빌려주어 신입사원이 기거할 수 있게 허락을 해준다. 그러면서 다달이 나오는 월세와 공과금의 일부를 임의로 조작하여 신입사원으로부터 받아 챙긴다. 신입사원으로서는 왠지 자기가 불리하다고 여겨지는 측면도 있겠지만, 자신에게 주어진 업무가 마음에 들고 편하다고 생각하므로 이러한 요구조건을 쉽게 거절하지 못한다. 또 둘이서 함께 근무하다가, 오후 점심시간이 되면 회사 내 구내식당에서 점심식사를 하면 되는데 이때 만약 식단메뉴가 나쁜 사람의 기호에 맞지 않으면 이 신입사원을 꾀어내어, 밖에 나가 인근식당에서 점심밥을 사먹는다. 하지만, 이때도 역시 점심식사 비용은 앞서 말한 전자의 경우처럼 신입사원이 부담하게 된다. 또 나쁜 사람은 자기가 현재 다니고 있는 회사에 일손이 딸려, 인력이 턱없이 부족하다고 신입사원에게 알리고 신입사원과 가까운 지인들에게도 선전해주기를 당부한다. 그리고 만약 신입사원이 자신과 가까운 지인 한 사람을 구해오면, 가령, 특정회사에는 "직원추천 포상금"이라는 것이 있는데, 사전에 신입사원에게 이러한 내용을 알려주지 않고 신입사원 앞으로 나오는 "직원추천 포상금"을 교묘하게 자기 혼자서 다 가로채는 대신, 신입사원에게는 근무 중에 약간의 편의만 제공해준다.

게다가, 나쁜 사람은 그날 당일 업무분량이 너무 많아 야근을 하게 되면, 사사로운 이유들을 핑계로, 이 일 말고도 또 다른 급한 약속이 있다거나 서둘러 일처리 시켜야 할 사적인 근거를 내세워 신입사원에게 자신이 맡은 업무의 기본요령을 가르쳐주고 본인은 근무지에서 이탈하는 것이다.

이렇게 하여, 본인은 집과 직장에서의 일과 삶의 균형감을 충족할 수 있을 뿐더러, 다음번에도 초과된 업무량에 직면했을 시, 신입사원의 행동요령에 낌새나 특별한 차이점이 보이지 않는다면 막중한 임무를 신입사원에게 일임해주고, 자기 자신은 그곳에서 또 탈피해 본인만의 즐거움을 만끽해 나간다. 또한 나쁜 사람은 신입사원이 본인사유로 퇴사하려고 하면, 정당한 이유를 제시할 것을 명시하여 얼른 쉽게 이 제안을 받아주려고 하지 않는다. 가뜩이나 회사에 일할 인력이 부족한 실정에, 한 사람이라도 빠져나가는 것을 잡아두고 싶은 마음은 인력난에 허덕이는 업체들을 보고 있노라면 역시나 다들, 공감할 것이다. 더군다나 직장생활에 충실하고 근무태도에 흠집이 없는 성실한 직원이라면 더 아깝게만 느껴질 것이고 단 하루라도 근무해주기를 바랄 것이다.

그러나 이 신입사원이 퇴사하기 2주 전이나, 한 달 전에 미리 담당책임자에게 언급하였거나 신입사원이 완강히 자신의 퇴사의사를 소명한다면, 이를 수용하고 규칙대로 퇴사처리를 하여야 할 것이다. 그러나 이러한 일을 맡고 있는 나쁜 사람은 신입사원의 퇴사확정 날짜가 다 되었는데도, 후임자를 구해오지 않았다는 이유로 이 신입사원을 회사에 끈질기게 붙잡아 두려 한다. 그리고 신입사원이 현재 하고 있는 본인의 업무가 능력 이상으로 한계 수준에 이르러, 지친 기색을 표명하고 직장을 그만두었는데도 불구하고, 이 나쁜 사람은 이후에도 이 신입사원에게 직장에 다시 출근하기를 바라면서 집요하게 연락하거나, 혹은 퇴사한 신입사원을 시내곳곳에서 목격했다고 하는 소문이 들리면 퇴사했던 신입사원이 아직도 새로운 직장을 구하지 못했다는 것을 간파하고 따로 한 번 만나자고 설득하여 이미 그만두었던 신입사원의 신세를 들먹이고, 예전의 회사로 다시 돌아와 줄 것을 비겁한 방법으로 부탁한다.

이처럼 부가가치를 창출하려고 하는 유형의 나쁜 사람은 자신의 직위를 마음껏 활용해 자신의 본 급여 이외에도 타인의 노동력을 이용하여 제2, 제3의 부수적인 요소들까지 추가적으로 수익창출하려고 하는 매우 간사스러운 노동력 착취꾼으로서 자신의 손아귀에 걸려들어 온 이 신입사원을 고스란히 떠나보낸다면 자신의 손해가 클 것이라 생각해, 집요하게 자신의 주장을 쉽게 잘 꺾지 않고 고집을 피우며 거머리같이 달라붙어 쉽게 잘 놓아주지 않는 타입이다.

　이러한 부가가치 창출형의 나쁜 사람이 요구하는 조건을 따돌리려면, 사전에 나쁜 사람이 상대방에게 물어본 질문에 본인 혼자의 힘으로 해결해 나가기가 어렵다면, 그 자리에서 흔쾌히 수락하지 말고 일단 자신의 곁에 가까운 사람을 통하여 얘기하거나 그러한 질문에 대한 해결답안을 구상해놓기까지는 유보상태로 해두는 것이다. 중간에 이 나쁜 사람이 재차 또 어떠한 요구조건을 다시 또 청할 수도 있다. 그래도 쉽게 말려들지 말고 생각할 시간을 갖게 해 달라고 하면서 시간을 질질 오래 끌어둔다. 오래 끌면 끌수록 나쁜 사람은 제풀에 꺾이거나 시간이 점점 지나갈수록 새까맣게 잊혀진 일로 지나갈 수도 있다.

03
자기구역을 철저히 지키려고 하는 유형의
나쁜 사람

이 유형은 새로운 신입사원이나 그 밖의 또 다른 동료사원이, 나쁜 사람이 일하고 있는 근무지로 다가가, 도움을 제공하려고 하는 것을 받아들이지 않고 외면해버리는 유형이다. 나쁜 사람은 현재 자기가 맡고 있는 업무에 대체로 만족스러워하며 일을 하고 있는데, 자신이 일하고 있는 근무지에 새로운 신입사원이나 동료사원이 현장책임자의 지시에 의하여 나쁜 사람이 일하고 있는 근무지로 다가와, 도움의 손길을 제공하려 하는데, 나쁜 사람은 이들을 못 봤다는 듯이 아랑곳하지 않고 오로지 자기 일에만 묵묵히 집중해버린다.

만약, 이들과 같이 일을 하게 되면 자신의 입지는 더 좁아져서 발 디딜 곳이 가면 갈수록 마땅치 않게 된다. 쉽게 말해, 만약 자신이 하고 있는 일을, 다른 사람이 도와주게 되면 자기 자신의 일은 그만큼 양이 더 줄어들게 되거나 혹은 자기가 끼어들 틈도 없이 끊어져버릴 수도 있다. 또는 그때 마침 우연히 회사 내 직급이 높은 회사간부가 그 광경을 목격한다면 이 공정파트에는 굳이 2~3명의 협력자가 있을 필요가 없다고 판단하고 그 중에 1~2사람을 지목해, 다른 공정파트로 근무지를 변경시켜버릴 수도 있다.

그런데 여기서 문제는 본인 자신(나쁜 사람)은 이 파트에서 꽤나 오래도록 참아오면서 지금까지 잘 버티어왔는데 갑자기 다른 공정파트로 이동된다는 게 너무나도 억울하다는 것이다. 새로운 신입사원이나 이 파트에 익숙하지 않은 동료사원이 보내진다면 별 문제가 되지 않는데 일 숙련도가 뛰어난 사람이 자리이동을 해야 되니 당사자로서는 차마 말이, 말이 아닐 것이다.

그리고 여기서 문제는 이것뿐만은 아니다. 막상 자리이동을 하게 되면 또 다른 공정파트에서 잘 적응을 해야 되는데 아무리 한자리에서 오랫동안 근무를 하였다고 해서 그 외 나머지 공정마저 훤히 다 꿰뚫을 수는 없다. 눈에 보이는 사물마다 다양한 특징들이 있을 것이고 보고 있는 사람으로서도 왠지 낯설게만 느껴질 것이다. 생소할 뿐만이 아니라 하는 일 자체도 이전에 근무하였던 곳보다 더 힘이 들 수도 있다. 힘이 들면 당연히 이 회사에서 일을 오래 못 하고 그만두어야 한다는 소리이다. 본인이 어렵게 구한 직장을 말단사원 단 한 명 때문에, 쫓겨나간다고 한다면 정말로 가슴 아플 것이다. 그래서 이 나쁜 사람은 그러한 피해자가 되는 것을 사전에 미리 차단시키기 위해 신입사원이나 동료사원이 본인의 근무지로 다가와 "담당자분이 여기로 가라고 하면서 일하는 것 좀 도와주라고 하던데요!"라고 물어봐도, 말하는 방향으로 고개를 잘 돌리려 하지 않고 그저 묵묵히 자신의 일에만 집중하면서 혼자서 일처리 해 나가 버리거나, 아니면 짧은 말로 여기에서는 특별히 할 일이 없으니 다른 파트로 가라고, 고개를 가로저어버린다. 그러나 이 역시 또 다른 공정파트에서도 할 일이 없다는 거절신호를 보내오게 됨으로, 신입사원이나 동료사원은 다시 또 현장책임자에게 이러한 자신들의 사정을 솔직하게 터놓고 이야기한다.

현장책임자 대동 하에, 마침내 하는 수 없이 이 나쁜 사람은 그 제안을 수락하지만, 현장책임자가 다시 물러가면 이들과 비교적 거리감을 두거나, 아니면 또다시 자신의 고집대로 이곳은 자기 혼자서 충분히 할 수 있다고 말하면서 이들을 물리쳐버린다. 결국은 이 나쁜 사람의 눈에는, 회사의 현장책임자도 그다지 큰 중요한 인물로 보이지 않고 그냥 회사에 출근했다가 인원파악만 하고 가는, 파견사원 정도로만 인식한다. 어차피 나쁜 사람의 생각은, 이 회사에 일하는 인력이 많이 부족하다 보니 이곳에서 오래 근무한 사람들을 쉽게 해고할 수는 없을 것이라는 판단이 지배적이다. 한 사람, 한 사람이 귀한 마당에 이 회사에 오래 근무한 사람마저 해고한다는 것은 쉽게 결정을 내릴 사안이 아니라는 걸, 현장책임자들도 나름 파악하고 있고, 나쁜 사람도 알고 있기 때문이다.

비단, 이런 비양심적인 행태들은, 업무에서 뿐만이 아니라 회사 점심시간 때나 쉬는 시간, 퇴근 후 출·퇴근차량에 탑승할 때에도 또 나타난다. 나쁜 사람은 회사 오후 점심시간 때가 되면, 자신의 친한 회사동료들과 식당에 들어가서 테이블에 식판을 얹어놓고 의자에 앉아 밥을 먹는데, 이때 자기의 친한 동료들과 때를 맞추어 식당에 함께 입장하지 못할 때가 있다. 한 명이 급히 화장실에 가야 한다거나, 아니면 볼일이 있어서 같이 합류를 못 한다거나, 아니면 근무하고 있는 공정파트가 달라, 다 같이 함께 식사를 하지 못할 때가 있다.

그래서 이 나쁜 사람은 먼저 식당 안 테이블의 한 자리를 차지하고 밥을 먹고 있는데, 얼마 후 또 다른 회사사원이 나쁜 사람이 앉아있는 테이블의 의자에 착석하려고 하는 찰나, 나쁜 사람이 그걸 보고서, 이 자리는 이미 다른 사람이 앉아있기로 예약이 되어있으니 이 자리에 앉아서 밥을 먹을 수 없다며 앉으려고 시도했던 사람을, 다른 곳에 가서 먹으라고 그 즉시 물리쳐버린다. 아니, 밥이야 비좁은 구석지에서 먹든, 시야가 뻥 뚫린 넓디넓은 공간에서 먹든, 바로 옆 사람이 생전 안면 모르는 사람이든, 점심시간에 식탁 의자에 앉아서 밥을 먹는다는데 여기에서 무슨 점심식사 자리 예약이 되어 있다는 건 참말로 얼토당토않은 소리이다. 암만 이 회사 신분이 높은 간부들도 이러한 비겁한 행위는 하지 않는다. 회사식당 테이블과 의자 개수는 한정되어 있고, 거기에 본인에게 먼저 우선권이 주어졌는데도 이런 비겁한 방법으로 식탁 자리 예약한 나쁜 사람들이 점심식사를 빨리 끝내기를, 식판을 들고 우두커니 서서 바라보고 기다려야하는 웃지 못할 불상사가 아직도 우리가 몸담고 있는 노동현장에는 많이 있다.

이런 나쁜 사람들의 행태야말로, 다 된 밥에 재 뿌리는 격이 아니겠냐 이것이다. 이미 숟가락 들고 밥을 먹고 있을 시간에, 식판을 들고 앉아있는 사람들이 식사를 다 할 때까지 지켜보고 서 있거나, 이리저리 빈자리를 찾아 헤매야 하니 말이다.

또 나쁜 사람들은 쉬는 시간이나 점심식사를 끝마친 후, 회사기숙사 또는 탈의실에서 앉아있거나 편히 누워서 휴식을 취할 때가 있다. 이 때 자신이 차지한 자리가 여유 공간이 비교적 넉넉한 곳도 있겠지만 더러는, 자신이 차지하고 있는 위치에서 바로 옆자리에 침범할 수 없을 정도로 매우 많은 사원들로 밀집할 때가 있다. 그러면 자신의 자리는 비좁아져서 취하고 있는 자세를 바꾸기에도 여간 불편할 수도 있을 것이다. 그런데 바로 옆자리에 새로운 신입사원이 들어와 그렇지 않아도 비좁은 공간에 딱 한자리를 차지한다면, 나쁜 사람은 제대로 누워 있지도 못하고 또 앉아있을 때도 역시 자세교정에 무척이나 애를 먹을 것이다. 더군다나 낯선 사람과 마주하고 있다는 것에 눈길을 어디다 두어야할지 난처해하고, 쉬는 시간이 끝나거나 점심시간이 끝나는 시간까지 어색한 분위기만 연출해낼 것이다. 쉬려고 들어오는 사람이나, 잠을 청하기 위해서 들어온 사람들로 꽉차있는데 여기에 신입사원이 자신의 자리에 편히 쉴 수 없을 정도로 자리를 차지하니, 이 나쁜 사람이 생각하기에도 참으로 답답할 것이다.

그래서 이 나쁜 사람은 혹여나, 신입사원이 자기에게 무언가 어떠한 궁금한 질문을 하려고 할 때, 잘 가르쳐주지 않거나 아니면 잔뜩 인상을 찡그린 얼굴로 대하면서 매우 불쾌한 표정으로 신입사원을 바라본다. 그러면 이제 갓 이 회사에 들어온 신입사원으로서는 이런 낯선 분위기와, 매우 불쾌한 표정으로 불친절하게 대하는 동료사원의 행동에 주눅이 들어 쉬는 시간 때나 점심시간에 기숙사나 탈의실에 잘 출입하려고 하지 않는다. 이렇게 함으로써 이 나쁜 사람은 자신의 자리에서 편한 자세를 마음껏 누리면서 취하게 된다. 그리고 이 나쁜 사람의 생각은 어차피 이 회사가 힘든 일을 주로 하는 일이고, 하루가 멀다 하고 사람이 바뀌고 바뀌면서 수시로 이러한 형태가 반복됐기 때문에, 이 신입사원도 오래 못 가고 곧 그만둘 것이라는 본인만의 선입견도 함께 하고 있다.

또 앞에서 잠깐 설명하였던 점심식사 때의 예와 비슷하게 회사 출·퇴근 차량을 이용할 때에도 이와 같은 실태들은 여전히 그 부끄러운 면을 낱낱이 보여준다. 하루 업무가 끝나고, 나쁜 사람은 자기의 친한 동료들과 출·퇴근 차량 안에 탑승하기 위해 빈 좌석에 앉는다. 그리고 나쁜 사람은 본인 이외의 빈 좌석 한 자리를 따로 맡아놓는다. 이때 다른 사람이 그 빈자리에 앉으려고 하면, 이미 자리 예약이 되어있다고 손사래를 치거나 완강히 거절해버린다. 그런데, 이 같은 행위는 이 나쁜 사람뿐만이 아니고 그중에 돼먹지 못한 몰상식한 자들이 여기저기 군데군데 끼어있다. 그들도 나쁜 사람 못지않게 각자 따로 자리 한자리씩 맡아놓는다.

그러면, 일찍 출·퇴근차량에 탑승한 죄 없는 사람은 자리 예약한 사람이 올 때까지 마냥 서 있는 채로 기다리거나 다른 빈자리를 찾아다녀야 한다. 출·퇴근 차량에도 대형 관광버스, 아니면 미니버스, 승합차량 등 차종이 다양한데 그중 만약 크기가 작은 차량이라면 앉아있는 의자좌석도 한정된 수량만 갖추어져 있기 때문에 결국에는 아무 죄 없는 사람만 자리 예약한 사람이 올 때까지 기다려야하는 어처구니없는 상황이 발생하게 된다. 때론 먼저 탑승한 사람이, 자리 예약한 나쁜 사람 보고, 완강하게 자신의 주장을 당당하게 내세워 이 자리에 앉겠다고 행사할 수도 있다. 그래서 이 나쁜 사람은 이 같은 상황을 방지하기 위해 자기 옆 좌석에 친한 동료의 소지품이라든가, 그 동료의 휴대폰, 장신구(목걸이, 팔찌, 머리핀), 심지어는 동료의 머리카락마저도 그 증거로 남기면서 아주 야비하고 추잡한 행위들을 서슴지 않게 시도한다.

모름지기, 직장에 이러한 형태의 자리 예약제도라는 건, 존재하지가 않는다. 자기들 나름대로 변명의 여지를 꾸며낸다고 하지만, 넘어설 게 있고 넘지 말아야 될 선이 있다. 당신들은 필히 불가침 규정사항을 엄숙히 지켜야 할 것이다. 지나친 자기자리 보전에 너무 집착하지 말라. 당신들은 자신의 친한 동료나 자기의 맡은 자리가 그렇게도 좋단 말인가? 어차피 당신들도 집에 가면 당신들이 누울 자리, 편히 쉴 자리 있을 것이 아니겠는가? 공공의 장소에서는, 공공의 사람들을 위하여 자연스럽게 그 활로를 열어두어야 할 것이다.

04
비굴한 유형의 나쁜 사람

　이러한 유형의 나쁜 사람은 자신의 곁에 든든한 조력자가 굳게 버티고 서 있기 때문에 자신과 관련된 사건, 사고발생 시 듬직한 조력자에게 의지하는 유형이라 볼 수 있다. 나쁜 사람은 직장 내 업무 중, 다른 동료와 심한 언쟁이 벌어졌을 때, 자기가 상대방을 힘으로 제압하기에는 다소 무리라 판단되면 그 상황을 그쯤에서 그냥 무마하는 듯 보이나, 속으로 묵혀두었다가 결속관계인 자신의 상급자나, 절친한 동료에게 이러한 사실을 보고하고 자신과 다투었던 상대방의 잘못을 지적하면서 업신여기는 행위를 한다. 그것도 자기와 다투었던 상대편, 그 당사자가 바로 앞에서 두 눈 똑바로 뜬 채, 지켜보고 있는데도 전혀 꿀릴 게 없다는 식으로, 자기 옆에 있는 든든한 조력자를 믿고 상대편을 째려보면서 호되게 야단치고 괄시한다.

　가령, 이런 유형의 나쁜 사람들은 자신이 현재 하고 있는 업무의 일 처리 방식에 있어 자기만의 익숙한 방법으로 손놀림을 취하는데, 또 다른 당사자는 집요하게 자신의 고집대로만 일을 진행시키려다 보니,

본의 아니게 둘 사이에 마찰이 빚어지게 된다. 그러니까 나쁜 사람이 봤을 때는, 자신이 현재 자리 잡고 있는 위치에서 물건을 다루기가 영 불편하다거나 또는 그러한 자세를 유지하는 게 힘이 들어, 오랫동안 업무를 지속해나가기 어렵다는 뜻이다.

예를 들어서, 어떤 당사자가 이 나쁜 사람한테 앞 공정단계에서 어떠한 제품을 넘겨줄 때, 나쁜 사람이 그 제품을 손으로 잡고 일하기가 무척 불편하다는 것이다. 나쁜 사람에게 건네진 제품이 나쁜 사람이 잡기 편한 방향으로 위치하고 있어야 일의 진행이 수월한데, 자꾸만 잡기 불편한 방향으로 건네주다 보니, 불필요한 손놀림을 한 번 더 해야 돼서 작업능률도 안 오르고 본인도 이렇게 힘든 상황을 더는 못 참게 된다는 것이다. 또는 이와는 반대로 나쁜 사람과 그 당사자의 입장이 뒤바뀐 경우도 있을 것이다. 그러나 이 일 가지고 나쁜 사람으로 몰아간다고 한다면, 아마 대다수가 이의제기할 수도 있을 것이다. 하지만 깊은 속내까지 더 들추어보면, 상황은 조금 달라질 수도 있을 것이다. 앞 공정단계에서 작업하고 있던 당사자가, 컨베이어벨트가 돌아가는 기계장치 앞에서 컨베이어벨트 위에 놓여있는 제품들의 제품과 제품 사이의 간격이 손 한 뼘 크기 정도로, 매우 촘촘하게 모양을 유지한 채 제품들이 자꾸 쏟아져 내려온다면, 다음 작업자에게 제품의 올바른 방향대로 인계해주기도 바쁠 것이다. 그런데 나쁜 사람은 이러한 모든 광경들을 그대로 빤히 지켜보고 있는데도 그것은 네가 할 일, 내가 할 일이 정해져 있으니까 얼른 쉽게 당사자에게 다가가서 도와주려는 흉내조차도 보이지 않는다는 것이다. 거기에다가 쏟아져 나오는 제품들 중에서 본래 방향으로 나오는 게 아닌, 엉뚱한 방향으로 틀어져서 나온다면 또 나쁜 사람이 작업하기에 매우 불편하므로, 바로 앞 당사자에게 제품들을 똑바로 놔둘 것을 요청한다. 하지만 그 와중에도 제품들은 연이어 자꾸자꾸 일정한 간격들을 유지한 채, 당사자의 지쳐있는 혈색은 아랑곳하지 않고 오로지 역방향으로만 내려져올 뿐이다. 거기에 또 컨베이어벨트 돌아가는 기계소음 때문에 나쁜 사람의 말소리조차도 저만치 묻혀버린다. 맥을 차릴 수 없을 정도로 혼란한 이 지경에, 이 나쁜 사람은 자기 말을 못 알아들었다는 것이 불쾌하다는 듯, 화를 내며 닦달한다. "아니, 제 말 안 들리세요? 물건들 좀, 똑바로 놔두시라고요! 이게 뭐예요! 에이 씨!" 라고 말하자, 이에 상대방이 "지금 너무 바쁜데 저 혼자서 어떻게 다 처리합니까!"라고, 혹여 이렇게 자신의 뜻을 강하게 나타내며 항의하면, 나쁜 사람은 그것을 신변의 위협을 느낄 정도로 두려워하거나 자신의 손에서 처리하기에는 다소 부족하다고 느껴, 여기에서 이 상황을 참고 넘기는 듯 보이나, 나중에 자신의 든든한 조력자(현장책임자나 절친한 동료)에게 사실대로 일러바치는데 그것도 그 사건의 당사자가 있던 바로 그 자리에서, 조력자와 함께 그 당사자의 눈을 빤히 노려보고 한쪽 입꼬리를 치켜든 채로 비웃으면서 비난하는데, 마주보고 있던 그 상대방으로선 도저히 납득하기 어려울 정도로 어안이 벙벙할 따름이다. 또 이 나쁜 사람들이 비굴하게 대하는 경우로, 전자의 경우와는 다른, 이제는 자신의 곁에 그를 지켜주는 상급자가 다른 형태의 상황이다. 본인(나쁜 사람)이 직장 업무수행 중, 바로 위 상급자로부터 어떠한 지시사항을 전달받았는데 실수로 자재를 못 챙겨 왔다거나 새로운 제품으로 전환이 되어 작업세팅을 하려 하는데 제품표면에 붙일 스티커가 다른 종류의 품명이거나, 아니면 각 지점별로 출고되어야 할 품목 중에서 특정 제품의 수량이 기준치를 초과하였다거나 덜 보내어졌을 때, 이것을 다른 사람이 작업했던 것마냥 교묘하게 떠넘겨버린다는 것이다. 그리고 그 주위에는 자기 혼자만 있었던 게 아니라, 주위에도 여타 다른 사원들이 함께 있었다는 이유로 둘러댈 술책을 꾸민다. 게다가 평소 상급자의 성격이 불같이 사나운 성질에다가, 부하사원들이 자기보다 나이가 더 많든, 적든 가리지 않고 반말과 비속어 남발로 저속한 언어사용이 거의 일상화된 고집불통의 상급자라면 나쁜 사람의 두려움은 점점 더 옥죄어질 것이고 책임전가 또한, 순풍에 돛을 단 듯 아주 완강하게 자신들의 주장에 합당한 근거를 세운다. 예컨대, 상급자가 "○○재료, 거의 다 떨어져 나가니까, ○○창고 가서 ○○자재 좀 더 챙겨와!"라고 지시를 내렸는데 하필 그때, 모두가 다들 한참 다른 데로 눈 돌릴 틈도 없이 바쁜 순간이고 더군다나 컨베이어 작업 중이라, 잠시 여기에서 한눈이라도 팔게 되면 그사이, 자신의 바로 앞에 놓여 있는 제품들은 벌써 저만치 지나가버린다. 거기에 또 컨베이어벨트 돌아가는 기계소음과 주변에서 울려 퍼지는, 제품 만드는 데 발생하는 두드리는 소리, 다듬는 소리, 문지르는 소리, 도구를 이용하여 깎아 내거나 풀고 조이면서 탁탁 때리는 소리 등 기타 여러 소리들도 한데 뭉쳐 들려오고 순간 여기에 정신을 집중하지 못해서 그만 자재 준비해놓는 것을 깜빡 잊어버린다면, 이내 상급자의 칼날 같은 불호령에 으레 겁을 집어먹을 것이다. 상급자의 거침없이 쏟아지는 독설에 스트레스 받는 것도 괴롭지만, 거기에 상급자보다 나이가 20~30년 이상 높게 차이가 나는 사원이, 상급자에게 이러한 천한 말들,

"내가, 아까 자재 챙겨오라고 했어! 안했어!"

"지금이 몇 번째야!"

"그러고도 이 회사 다닌다고 이렇게 기를 쓰니……."

"지금 내가 갯벌로 보이냐!"

"어! 어서 말해 보라니까!"

이런 상식에 벗어나는 야만스런 폭언을 듣다보면 당사자들의 존재 감은 한없이 더 추락해만 갈 것이다. 그리고 설령, 이 회사를 그만두고 나간다 해도, 다른 회사에서 자기 자신을 받아 준다는 확신이 없기에 이들(나쁜 사람)은 이러한 불안감과 경고조치 받는 것에서도 특히나 두려움에 사로잡혀 있으므로 급기야 나쁜 사람은 이 사태의 책임을 이 제 갓 입사한 신입사원이나 경력이 짧은, 만만한 대상을 찾아서 몰상 식한 방법으로 죄 없는 사원에게 덤터기를 씌워버린다.

"야! 내가, 너보고 아까 ○○재료 준비해놓으라고 말했잖아!"

"아니, 저는 잘 못 들었어요!"

"뭘, 못 들어! 아까, 내가 ○○창고 가기 전에 ○○제품, 오늘 생산량 많으니까 ○○재료, 많이 필요할 거야! 라고, 분명히 얘기했잖아!"

"아니, 그건 언니가 일 시작하기 전에 한참 지나서 말한 거잖아요!"

"아니, 그것 말고도 아까 또 ○○사원이 다시 한번 더 말했어!"

이뿐만이 아니라, 이젠 여기에서 무고한 사람을 아주 확인 사살하는 어처구니없는 장면도 현재 이 글을 쓰고 있는 지은이는 보았다.

"뭘, 안 해! 내가 말했잖아! 아까, 분명히 너한테(손가락으로 가리키 며) 말했는데……."

"애 좀 봐, 우길 걸 우겨야지! 끝까지 우기는 것 보소! 하… 이… 나 참,

기가 막혀서……."

"아니… 왜, 다들 나한테만 그래요!"

나는(지은이) 내부 안쪽까지 근무하지 않아서 자세한 내막은 몰랐으나, 저런 사람들의 오만한 행실을 근무하는 내내 지켜보았기에 조금은 타당성 있는 근거일 것이라 판단이 든다. 또 다른 예로, 각 지점별로 나가는 출고품 중에서 어느 한 품목에 수량 오류가 발생해, 해당 지점으로부터 상급자를 통해서 전해 들었을 시, 해당 근무사원들은 역시나 또 불안해하면서 서로의 눈치만 보게 된다.

"아까, ○○지점에서 연락이 왔는데, ○○품목 중에서 6개가 부족한 채 들어왔데요! ○○년 ○○월 ○○일자, 날짜에 작업한 걸로 보이는데 이때 이 제품, 작업한 사람이 누구예요? 예! 이때, 이 날짜에 ○○제품, 작업한 사람이 누구시냐고요?"

"○○이가 작업하지 않았어? 너, 그때 나한테 ○○제품, 다 떨어졌다고 물어본 것 같은데……."

"그래서 내가 어, 그거 오늘 새로운 신상품 들어왔으니까 밖에 나가서 팔레트에 쌓여 있는 박스 뜯어가지고 몇 개 가져오면 되지! 라고 말했던 거 같은데…"

"언니, 아니에요! 그건 그전에 작업한 거예요! 한 2주쯤 됐을 거예요!"

"뭔, 2주나 돼! 그때, 내 옆에 ○○언니도 같이 있었는데…. 그렇지! ○○언니! 그때 얘가 나한테 와서, 뭔 ○○제품 없다고 나 PDA상품 훑어보고 있는 사이에, 물어봤었잖아? 마침, 그때 ○○언니가 ○○상품, 오케이, 불량 하나 찾았어! 라고 말했던 것도 기억이 나는데……."

"아니에요! 그건, 한참 지난 일이예요! 그래서 저도, 그 제품 못 찾고 걱정하고 있었는데 그때 반품창고에 가서 물어보니, 그 제품 저 화장실 방향 벽 쪽에서 2째줄 13번째 팔레트 옆에 낮게 쌓여진 팔레트가 있는데, 아마 거기에 있을 것 같다면서 일러주길래 찾아가보니 마침 그곳에 ○○제품이 있어서 주문된 수량만큼 다 챙겨가지고 왔어요!"

이처럼, 나쁜 사람은 자신들이 코너에 몰리거나 뜻하지 않은 불똥이 자신을 향해 튈 조짐이 보이면, 역지사지로 고민하기보단 교묘히 둘러대어 이 불안한 난국에서 자기 혼자 빠져나가려고 애를 쓴다. 자신에게 해가 될 업무상의 실수, 부득이한 죄책감을 여러 사람들이 보고 있는 현장에서 고스란히 노출시켜버린다면 수치심도 감당이 잘 안 될 것이고, 평소에 유지해왔던 본인의 이미지점수도 삭감되어 인사문제에서도 위태롭게 되니, 맹목적으로 남에게 책임 전가하는 길을 오직 자신이 살아나갈 유일한 길처럼 생각하고 비굴한 방법을 사용하게 된다. 나쁜 사람은 여기에서 저돌적으로 몰아붙이지 못하면 자기가 당면할 담당관리자와의 곤혹스러움에 떨고 있는 자신의 실추된 기분, 한 번 크게 낙인이 찍혔다는 수치스러운 자국으로, 본인이 지금 하고 있는 업무에 적지 않은 타격이 있을 거라고 볼 것이다. 이렇게 하면, 죄의 부르짖음 속에서 외롭게 호소하는 죄 없는 사람을 침몰시켜 버릴 수 있다는 자신만의 논리적 견해를 내놓지만 이것은 분명 상대에 대한 부정이자, 증오이며 본인은 그 사건의 틀림없는 주범이기 때문에 이들의 인간관계는 마치 자석의 N극과 N극처럼 쉽게 다가서지 못한 채, 더욱더 불편한 관계로만 이어질 것이다.

이렇듯, 이 나쁜 사람에게는 상호간 타협점을 내세워 실마리를 풀어갈 수 있는 특별한 해법 같은 건 잘 보이지 않는다. 나쁜 사람이 비굴한 방법을 사용하지 않고 곧이곧대로 자신들의 불합리한 점을 인정한다는 것 자체도 어쩌면 용납하기 어려운 과제일 수 있다. 이미 타성에 길들여져 버린 해묵은 못된 습관들도 낯짝이 있지, 제 주인 일깨워주겠다고 어디 함부로 나서기야 하겠는가? 이들(나쁜 사람)은 어쩌면 자신들에게 닥쳐온 불만, 스트레스를 마땅히 해소할 대상거리들을 눈 여겨 보았을지도 모른다. 자신 내부에서 끊어내지 못하고 타인에게 억지누명을 씌우니 말이다. 자신들이 어떠한 실수를 저질러놓고 현실을 받아들이기에는 왠지 그 죄책감의 비중이 크다고 느낌으로써, 자기 자신의 마음 상함을 방지하기 위해서 최대한으로 포석하려는 배경이 깔려있다고도 볼 수 있다. 그렇게 함으로써 자기가 먼저 남을 미워한다는 증오심을 오히려 남이 나를 미워한다고 역으로 포장시켜서 유발하는 데에도 일가견이 없다면, 이 비굴한 유형의 나쁜 사람 축에도 자기가 끼지 못했다는 것을 결코 반기지 않을 정도로, 그만큼 남을 못살게 괴롭히는 간사스런 계략들을 함축하고 있다는 뜻이다. 이런 유형의 나쁜 사람들은 그동안 자신에게 직면한 수많은 마찰들을 불러일으키게 한 상황들을 비굴한 술책으로 전가해버림으로써 자기 자신은 안도의 한숨과 동시에, 담당책임자에게 꾸중을 듣지 않는 무훈계에, 심적 부담감을 최소화하면서 자기 자신을 지켜나갔을 것이다.

그러나 언제까지나 당신들 입속에서 꺼내져 나온 비굴한 말들과, 담당관리자들이 그토록 한량없게 당신들을 두둔하지는 않을 것이다. 그렇게 행동방침 규정에도 없는 당신들의 특이적인 거짓누명으로, 한사람의 죄 없는 억울한 이들이 덧없이 당하고 마는 양상은 영구불멸하게 이어지진 않을 것이다. 당신들이 그렇게 비굴한 자세를 취하면 취할수록 우리의 아무 죄 없는 근로자들은 대동단결하여 저항의지를 상실하지 않은 채, 옳고 그름의 정당함을 기어이 싹틔울 것이니까 말이다. 필자의 입장에서 그들(나쁜 사람)의 말속에 과연 어떠한 신빙성이 있는지 탐문해보고도 싶다. 진정, 그들(나쁜 사람)이 말한 내용들이 사실이라면 그 사건의 자초지종을 하나라도 여과하지 말고 유수가 흘러가듯, 유튜브 동영상 촬영하듯이, 생생히 구현해보라고 촉구하고 싶다. 당신네들이 그렇게나 하기를 바란다는 비굴한 열망의지, 어디 검증된 심사위원들에게 증명해보라고 이렇게 간접적으로나마 표현해보고도 싶다.

나쁜 사람들이 이토록 죄 없는 사람들을 비굴한 함정으로 몰아세우려 한다면, 필자가 건넨 요구주문으로 한번 맞받아쳐보기를, 권장해주고 싶다. 효과야 100% 장담할 수 없지만, 하도 기막힌 상황을 보고당하는 것보다는 그래도 이렇게 해봄으로써 어깨가 조금은 우쭐대지 않을까 싶어서이다. "당신들의 간사스러운 계략에 내 운명을 송두리째 저당 잡히고 싶지 않아요! 더 이상 선량한 근무자에게 죄의 갈망을 덧씌우지 마세요! 당신들의 입에서 나오는 말들은 하나같이 비굴한 정석의 저격수자격증이라도 취득했다는 말인가요? 그만큼 상징성이 돋보이는 말이라면, 구김살 없이 만백성들 앞에서 자신만만하게 한번 펼쳐보아 주시지요!"라고, 당당히 맞서보라. 일말의 자신감일지언정, 주눅들지 말라. 결코, 밀리지 않을 거란 나 자신의 힘을 한번 믿어보라.

05
자신의 힘을 과시하는 유형의 나쁜 사람

　이 유형은 나 자신을 더 우렁차게, 보다 더 당당한 기상을 한껏 드러내어, 나는 이런 사람이니 자기 주위에 함부로 접근하지 못하게 하는 스타일이라고 볼 수도 있다. 나쁜 사람은 노동현장에서 동료근로자들과 함께 어떠한 작업을 하던 도중, 의도치 않은 본인(나쁜 사람)의 실수로 말미암아 동료근로자와 피치 못할 트러블이 빚어졌을 때, 자신의 잘못을 바로 그 자리에서 인정하지 않고 오히려 독단적으로 인정사정 없이 거세게 화를 내면서 매우 살벌한 표정으로 험악한 분위기를 조장하고 윽박지르기를 과감히 시행한다. 그러면서 도리어 애꿎은 동료사원 보고, "왜, 그런 표정을 지으세요?", "왜, 말을 그렇게 하세요?", "왜, 갑자기 화를 내시는 거예요?" 라고, 상대방에게 일말의 항변할 구실거리도 내주지 않는, 말 그대로 적반하장, 안하무인격인 자세를 취한다. 아니, 도둑놈이 먼저 잘못하고 몽둥이를 휘두르는 게 어울리는 것인가? 자기 눈 아래, 엎드려 일하는 사람이 보이지 않는다고, 그 위를 마구마구 짓밟아버리는 오두방정이 합당한 것인가? 아니, 당신들은 진정 무엇을 잘못했는지 모른다는 말인가? 하여, 그렇게 뜬구름 잡기식으로 일 벌여서 도대체 뭔가 얻어낼 거리라도, 있다는 것인가?

이 유형의 나쁜 사람은 타인보다는 자신의 힘이 더 우세할 것이라 판명하고 자기의 과시욕구를 유감없이 내뿜고, 그릇된 자신의 잘못된 행위를 앞세워 동료사원에게 손 쓸 틈도 주지 않는, 거침없고 공격적인 의사를 표출하여 상대방을 자극시킴으로써 상대방이 안절부절못하는 틈을 타서, 상대방이 본래 의도하려는 마음을 갖고 있었던 주장들을 본래의 주장과는 약간 틀어지게 만드는 매우 교활한 행위의 유형으로도 풀이될 수 있다. 이런 유형의 나쁜 사람들은 상대방의 심리를 자극하여 자기의 주장대로 조종하고자 하는 욕구가 강하게 형성되어 있기에, 상대방을 조종하고 있는 내 모습에 더욱더 흥분하고 기승을 부리며 오히려 이런 상황들을 부추기면서 즐기기도 한다. 자신이 상대방으로부터 이러한 대접을 받는다는 것을 매우 불쾌히 여기며 동료사원의 말하는 입모양, 언어표현, 몸짓 하나하나에도 경멸할 정도로 부정이 끼어있다고 생각하고 도리어 정당함을 쇄신하려고 하는 유아독존 고집불통의, 아마 차후에도 이런 일이 있을 것이라고 본인 스스로 상기하게 만드는, 승소판결 받기 어려운 스타일이라고도 볼 수 있다. 동료사원의 자존심이야 무언들 못 깔아뭉개겠는가?

자아도취 성향 또한 농후하므로, 동료사원을 자기 발아래 두려고 하는 지배욕구가 동반해서 나타나기도 한다. 고작 갈등상황을 타파하기 위해서 나쁜 사람은 이 일의 실패가 불러올 역효과를 채 돌아보지도 않은, 과한 감정만 증폭시키니 이들(나쁜 사람)에게 돌아갈 행동의 결과는 늘 손해 보는 장사밖에 어디 더 있겠는가? 그럴 바에야, 차라리 애초에 본인의 잘못을 시인하고 동료사원으로부터 용서받을 수 있을 정도의 구실을 대는 게, 더 아름답지 않을까? 사나운, 피 튀기는 혈전을 방불케 하는 열불 나는 의사소통방식은 일하는 노동현장, 이런 본인들이 몸담고 있는 직장생활에서는 그 누구라고 해도 가히 인정받기 어려운 난코스에 접어드는 격이다. 본인은 애써 힘들게 들어간 직장, 얼마 못 버티고 거저 나오고 싶은가? 그것도 스스로의 판단이 아닌, 그 누구에 의해서 말이다.

결단코, 성질 원만한 사람만 있을 수만은 없을 것이다. 과격한 자기감정에 도취돼, 제어하기 곤란한 흥분고조 현상으로 남을 성가시게 할 수도 있지만, 단언컨대 그 타임만 참아보자. 괴롭고 힘들더라도 나의 부족한 이 결점을 내세우면 내세울수록 나를 더욱더 오만하고 건방진 인물로 돋보이게 하니, "욱"해버릴 때, 그 타이밍을 직시하고 나 자신에게 주문을 걸어보자. 안 되면 타임아웃을 해서라도 자기 자신을 진정시킨 다음에, 들끓어 오르는 감정상태를 스톱시켜라. 그러면서 속으로 이렇게 되뇌어보라.

"어리석은 바보, 그깟 너 하나 진정 못 시키겠어? 여태껏 이렇게 살아왔던 너였니? 너의 본모습은 어디 간 거니? 훗날, 기억하게 만들라! 너의, 본모습을 찾았노라고! 너는 필시, 나쁜 사람이 아니고 괜찮은 사람이라고!"

이렇게 말이다.

06
자기의 잘못을 부인하는 유형의 나쁜 사람

    나쁜 사람은 직장에 근무하는 중에, 본인의 부주의로 부득이하게 일처리를 잘못했는데, 동료사원에게 그 문제를 절대 시인하지 않는 사람이다. 본인의 미숙한 일처리방식과 이미 그르쳐버린 실수들을 복구하기에는 어렵다고 판단해, 어떻게 해서든 무마하려고 하고, 본인의 잘못을 덮는 데에만 치중한다. "이렇게 나올 수밖에 없는 내 입장을 네가 알아주지 못하면 그 누가 속 시원히 가다듬어 제시해 주겠는가?" 라고 하듯이, 자기의 잘못된 행위에 일절 포장이 없고 흐트러짐이 없다는 듯, 나쁜 사람의 입에서는 잘못했다는 말이 나오는 게 무슨 하나의 금기문화라도 되는 마냥 굳게 닫은 조개입을 자랑스럽게 뽐낸다. 그리고 본인(나쁜 사람)의 잘못이 탄로났는데도 불구하고, 아무런 대답도 없이 침묵조로 일관하든가, 아니면 "이유를 대라!", "나는, 잘 모르겠다!" 라고, 오히려 오리발 내밀기 작전을 구사한다. 여기에서 이 나쁜 사람은 자기에 의해서 생긴 잘못으로 인해 여러 동료사원들에게서 한꺼번에 쏟아져 나오는 불평불만들을 수습하기에 꽤나 벅차기도 했을 것이다. 그래도 어떤 결과가 나오든 본인(나쁜 사람)에 의해서 자초된 실수이기에 입막음한다고 해서 장기적으로 질질 오래 끌고 가지도 않을 것이고, 일이 본인(나쁜 사람)의 뜻대로 성사되는 것도 용인되기는 더더욱 난해할 것이다.

나쁜 사람은 자신이 현재 서 있는 위치에서 무엇 때문에 내가 이런 사람들에게 나의 잘못을 밝혀야 하는지 의구심을 가질 정도로, 사건을 안개 속으로 몰고 가 덮는 데에만 역점을 둔다. 갈등이 싫어, 자기 코앞에 닥친 잘못된 문제를 외면하는 건 비겁한 태도가 아니겠는가? 참으로 민망한 장면을 과감히 보여주니, 제재의 검토대상모델로 꼽지 아니할 수가 있겠는가? 그러면 그럴수록 직장 내 블랙리스트 명단에 올라, 퇴출 1순위 후보로서 불명예스러운 후광만 비추는 채, 설령 자신이 이 직장을 그만두고 그 자리를 새로운 신입사원이 대신하는 그날까지도 과거의 본인(나쁜 사람)의 이야기를 들추어보면서 한동안 떠들썩했던, 지지리도 꼴 보기 싫은 인물로 낙인이 찍히며 오래도록 소문이 날 수도 있을 것이다. 제발, 당신 자신에게 스스로 먹칠하는 일은 자행하지 말자. 거기에서 더 이상 수직낙하할 자존심, 품위 아직도 더 떨어질 게 또 남아있는가? 후회될 자존심과 품위를 새로 교체할 자기 책임교정 건전지, 마트에서도 재고분이 부족하다고, 새 걸로 공급해줄 자기책임인정 건전지가 품절됐다고 한 목소리로 동일하게 울려 퍼질 것이다. 그러면 그럴수록, 자신(나쁜 사람)은 영원히 교화대상에서 멀어져만 갈 것이다. 진정, 당신들에게는 어떠한 경종의 메시지를 전해주어야 울고불고 무릎 꿇은 채, 싹싹 빌고 바른대로 이실직고 하겠는가? 아니, 자기 잘못 인정하면, 무슨 전염병이라도 걸리는가? 설사, 죽을병에 걸려 황천길 가기 전에 바른대로 실토하면, 정상참작이라도 하지 않겠는가 이 말이다.

　그리고 이 나쁜 사람은 자기가 이렇게 해도 막힐 것 같고, 저렇게 해도 빠져나갈 탈출구가 영 보이지 않는다면, 이왕 이렇게 벌어진 일, 오히려 방귀 뀐 놈이 성낸다고 이제는 자기의 잘못을 떳떳하게 드러내면서 상대 동료사원을 향하여 "그러면 그땐, 왜 말 안했느냐"라고, 저돌적으로 고집불통적인 기세를 한껏 더 높이는데, 나쁜 사람이 이렇게 나오면 나올수록 자기의 함정을 더 깊이깊이 파는 격이 된다. 나쁜 사람은 이제 막다른 궁지에 몰려, 더 이상 빠져나갈 길이 없다고 판단해, 남의 다 된 밥에 재라도 뿌리려는 심산으로 상대 동료를 교란작전으로 유도하는데 이미 이 나쁜 사람이 이 말을 본인의 입 밖으로 내뱉는 순간, 내가 그러한 잘못된 일을 최초에 벌인 사람이고, 또 그때까지 상대 동료가 말을 안했다면 그 상대 동료가 죽을 때까지 거짓누명을 씌워 괴롭힌다는 의미가 되기 때문에, 나쁜 사람 스스로 제 함정을 파는 것이자, 제 스스로 나쁜 사람이라는 것을 각인시키게 된다. 그래봐야 못난, 이 무례한 행동은 여러 동료사원으로부터 곱지 않은 시선만 받게 될 것이다.

　제발, 언제까지 서로의 입장 차이 좁히지 못하고 멀어지게 만들 것인가? 이제는 뭔가 바뀌어도 좀 바뀌어야 되지 않을까? 회사시스템 체계가 바뀌지 않는다면, 나라도 좀 바뀌어보자. 그놈의 나쁜 사람 배지, 떼고 싶지 않은가? 그리고 이렇게 상대 동료사원에게 본인의 잘못을 정중히 사과하고 "아직은 미숙하지만, 좀 더 나아지도록 애써볼게요!"라고 언급하면, 제아무리 입장차이가 다른 상대 동료인들, 인지상정이 없겠는가? 이제는 지금부터라도 몹쓸 "나 몰라라" 계책, 발설 금지하고, 이제는 "물러가라!"라고, 표징에 찬, 마음으로 자신에게 이미지 부여 해보기 바란다.

제3장

공과 사

01
업무시간 외에 보충업무 지시하는 나쁜 사람

    나쁜 사람은 동료근무자나 신입직원에게 하루일과가 끝난 퇴근 후나 휴일, 주말에도 개인의 휴대폰(스마트폰)을 이용해서 추가적인 보충업무를 지시하는 사람이다. 나쁜 사람은 1시간이라도 아니, 단 10분이라는 시간도 자기의 귀중한 시간으로 확보해두기 위한 속셈으로 동료, 신규직원에게 굳이 지시하지 않아도 될 업무과제들을 동료, 신규직원이 그것도, 이미 퇴근해버린 시간이나 주말, 휴일에 집에서 예습·복습을 더 하라는 압박과 함께 무언의 암묵적인 시그널까지 덧붙여서 추가업무에 관한 내용들을 개인의 휴대폰(스마트폰)으로 전송해주는 사람이다. 업무시간 때, 동료, 신규직원에게 가르치다보면 시간상 쫓겨다니기 일쑤이고 여건상, 본인의 업무 보는 시간에도 일 진행이 원활하지 않아 미리 동료, 신규직원에게 단 얼마간의 근무파악이라도 수행하기를 바란다는 차원에서 온라인상의 업무지침요령과 동료, 신규직원의 자유시간을 이용하여, 해당 부서 업무에 맞는 서적들을 구입하고 암기하기를 강요한다. 동료, 신규직원의 사적인 자유시간도 통제된 채 말이다. 이렇게 하면, 본인(나쁜 사람)의 업무효율성을 급진시켜 자신의 일손을 단 얼마라도 덜어보고자 하는 근무요령도 함축하고 있을 것으로 보고 있다.

또 나쁜 사람은 정시업무시간이 아닌데도 불구하고, 주말이나 휴일에 동료직원을 불러내어 같은 직장 내 직원들의 모임이나 회식, 아니면 동료직원의 생일, 직장행사 등을 이유로 내세워, 개인의 사적인 생활을 누리려는 동료직원에게 참석하기를 강요한다. 분명히 회사의 정시업무를 떠난, 공적인 업무와는 별개인 사적인 일인데도 이 나쁜 사람은 주위환경을 인지하지 못한 채, 공적인 요소들을 사적인 일에 접목시켜 이러한 상황을 은근히 성립시키려는 비합리적인 자세까지 스스럼없이 보여주기도 한다. 그러나 정시업무 시간이 아닌, 동료직원의 휴일, 자유시간에 그것도 개인 휴대폰(스마트폰)을 이용해서 특정업무를 지시하는 건 부당한 처사이고, 동료나 신규직원의 자유스러운 사생활을 침해하는 불건전한 행위이다. 나쁜 사람의 이러한 행위에 동료, 신입직원들도 조금은 껄끄러워하면서도 부담감을 갖고 있기는 하지만, 또 여기에서 나쁜 사람의 이러한 제의를 거절하기라도 하면, 왠지 같은 직장에 다니고 있는 직장의 한 구성원으로서 자기 혼자만 낙오된다는 불안감과 또 이 나쁜 사람의 부탁을 거절함으로 인한, 훗날 자기 자신이 피치 못할 근무위기에 봉착했을 때, 나쁜 사람에게 도움의 손길을 내밀어보지만 혹여나 나쁜 사람이 이러한 상황을 외면해버리지 않을까하는 배경도 깔려있다고 볼 수 있다.

피해 당사자로서는, 엄연히 워라밸(일과 삶의 균형)을 보장받아야 하는 입장에서 개인의 사생활에까지 넘나들어오는 나쁜 사람의 압박에 골치가 뜨끈뜨끈하지 않을 수가 없을 것이다. 사적인 자리에서조차도 개인 마음대로 생활하지 못하고 내가 자유롭게 하려고 하는 행위에 고의로 브레이크를 걸어온다면 보고 있는 당사자, 어찌 마음 놓고 편한 직장생활 할 수 있으랴? 사적인 공간 내에 공적인 업무를 끌어들여서 그 일을 추진해나간다는 것이 어디 가당키나 한 말인가? 공과 사의 경계선이 와르르 무너지는 꼴, 제어하지 않은 채 죄 없는 신입, 동료직원에게 고스란히 보여주어서야 쓰겠느냐 이 말이다. 그러면서 한다는 변명이라곤, 선생님의 공적인 업무능력이 너무도 월등하여 사적인 자리에서도 접목시키면, 아무래도 업무만족도가 꽤나 더 향상되지 않겠냐며 눈 가리고 아웅하는 건, 상대 동료를 기만하는 행동이 아니겠냐 이것이다. 바른대로 말하건대, 공적인 업무가 아닌, 사적인 공간에서의 개인의 자유는 타인에 의해 침해받아서는 안 되고 또 반드시 보호받아야 한다.

02

업무시간 외 보충업무 지시받은
전문직 여성간호사 C모씨의 예와 그녀가 하는 일

 지방의 한 내과병동에서 팀널싱 형태로 3교대 근무를 하고 있는 전문직 여성간호사 C모씨는 오늘도 역시 그 어느 때와 마찬가지로 육체적·정신적 중노동에, 양손을 허리춤에 대고 깊은 시름에 잠겨있다. 자신이 현재 근무하고 있는 내과병동에는 환자들을 케어해야 할 간호인력도 부족한 마당에, 빈자리를 채워야 할 신규간호사의 지원도 먼 나라 불구경하듯, 한참이나 끊긴 상태라 간호사 C모씨 혼자서 병동에 있는 환자 40여 명을 담당해야 하니 몸과 마음이 하루하루 고달픈 역사의 나날들만 흘러가고 있었다. 마지막 환자 바이탈체크 하고, 병동 내 라운딩 간단히 하고 나서 마무리로 간호차트에 오늘의 환자들, 각 증상별 처치한 내용들을 낱낱이 전산으로 기록하고 다음 근무자가 인수인계 해주기만을 애타게 기다리고 있었다. 나이트 근무라 졸음이 쏟아져 피곤하기도 하였지만 병동 내의 환자들의 상태를 예의주시해야만 했으므로 하품과 그에 수반하는 눈물로, 겨우겨우 졸음을 떨쳐내었다. 인수인계시간이 어느새 가까이 다가오고 이윽고, 다음근무자가 병동 내로 들어오자, 간호사 C모씨는 병동 내 전체 환자들의 현재상태와 바이탈체크, 투약, 간호기록, 그리고 특이사항에 대해서 모두 다 인계해주고 무사히 그 길로 퇴근할 수가 있었다. 벌써, 바깥은 날이 밝아와, 차들과 사람들이 눈에 띄는 아침의 거리풍경이었다. 집으로 가기 위해 버스승강장에서 시내버스에 탑승한 후, 간호사 C모씨는 오늘 새벽에 근무하느라 피곤했던지 그 자리에서 달콤한 몽환의 세계에 빠져들었다. 그곳은 주위 경관이 온통 드넓은 망망대해로 둘러싸인 채, 본인만이 이 아름다운 바다경치를 홀로 감상하고 있는 그야말로 누구의 간섭도 없는 유유자적한 멋진 광경이었다.

    잠깐 동안의 달콤한 꿈나라의 여행을 만끽하고 어느새 집으로 도착한 간호사 C모씨는 간단히 몸을 씻고 또 오늘 야간 나이트근무를 위해서 잠자리에 들어가려 하였다. 그런데 이때, 본인이 근무하고 있는 내과병동 선배간호사로부터 전화연락이 왔다. 다름이 아니라, 오늘 낮에 내과병동 간호사팀원들 실무교육이 있으니 병원으로 참석하라는 내용이었다. 아뿔싸! 이게 웬 날벼락인가? 이제 기껏 이부자리 펴고, 잠잘 채비 하려 하니까 느닷없이 병동실무교육이라니……. 잠자고 깨어나면, 바로 나이트 근무라 인수인계 해주어야 된다. 간호사 실무교육에 참석한다면 근무교대 후, 잠도 제대로 못자고 실무교육 듣고 곧바로 또 피곤한 몸 이끌고 집으로 간다 해도 시간도 부족하고, 얼마 자지도 못한 채 그 다음 나이트근무자와 인수인계 해주어야 된다. 인수인계는 그렇다 치더라도 실무교육, 그것도 하필 야간근무 바로 끝난 다음에 간호사 잠도 안 재우고 또다시 불러내는 건, 무슨 어불성설이란 말인가?

실무교육 참석하는 것도 힘들지만 간호사들이 하는 일은 이뿐만이 아니다. 병동 환자분들 케어해 드려야 하는 일도 많이 있지만, 그러한 것들을 일일이 기록해두어야 한다는 막중한 책임감과 의무감도 동시에 수반된다. 또 액팅간호사라고 있는데 이 액팅간호사는 수십 가지에서 많게는 수백 가지에 이르는 약 명칭들을 줄줄이 다 암기해야 되고 약 용량, 약의 효능, 그에 따른 부작용, 약 복용하는 방법까지 모두 다 숙지하고 있어야 한다. 각각의 약의 명칭들도 우리들이 평상시 접해보던 단어들도 아니고 순전 전문용어들로만 구성되어 있어 이해하는 데 어려움이 따를 수밖에 없다. 이런 전문의학 용어들을 바라보고 있노라면 도대체 이것이 영어인지, 히브리어인지 해석불가하게 만드는 난해한 글씨체에 도통 어디에서부터 시작해야 하는지 분간하기 어렵고, 과연 이 일이 간호사에게 맞는 일인지 의문을 불러오기도 한다. 바로 옆에서 근무하고 있는 동료간호사가 있을 때도 있으나, 그 동료간호사도 자기가 해야 할 근무가 천태만상이기에, 살짝 물어보는 것조차 죄송하기까지 하니 차마 엄두가 나지 않는다.

또 액팅간호사는 환자들 투약과, 주사 놓아주는 일에 바이탈체크(혈당, 혈압, 맥박, 호흡, 체온측정)등 환자상태 변화체크도 해야 한다. 여기에서 자칫 실수해서 투약사고 나면, 바로 환자 몸에 위급신호 발생하고 더불어 병동간호사들한테도 불똥이 튀게 되니 특히나 주의해야 한다. 그리고 환자에게 주사 놓아줄 때, 주사액 용량수치도 차지(차팅)간호사에게 틈틈이 보고해야 된다. 바이탈체크 할 때 차지(차팅)간호사에게 깜빡해서 보고 안 하고 혼자 그냥 적어놓고 잊어버리면, 야단맞기도 한다. 여기에서 차지(차팅)간호사라는 건, 환자들 각 증상별, 그 외 처방방법들을 모두 다 간호차트에 기록하는 업무를 주로 하는데, 이 일은 경력이 있는 선배간호사들이 주로 맡아서 관리하고, 전문의학 용어들 또한 줄줄이 꿰뚫고 있어야 한다. 이 차지(차팅)간호사도 간호 차트에 환자분들 상태, 기록할 때 깜빡하고 환자 몸무게를 안 적은 상 태로 다음 근무자에게 인수인계 하면, 또 크게 야단맞게 되니 실수 없게 각별히 유의해야 되고, 약물량 체크 또한 몇 시 몇 분에 했는지도 차 팅기록에 일일이 남겨두어야 한다.

하지만, 전문직 여성간호사 C모씨는 이러한 펑셔널 근무형태가 아 닌, 팀널싱 근무형태였으므로 혼자서 액팅간호사의 역할과 차팅간호 사의 역할을 번갈아가며 수행해야 했기 때문에 더욱더 각별한 주의 가 요구되었다. 그리고 2교대나 3교대로 근무하는 직장에서는 인수인 계를 해주어야 하는데, 다음 근무자에게 인수인계해줄 때, 당일 본인 이 맡은 환자 수십 명의 모든 진단내용들을 기억하고 있어야 된다. 그 런데 만일, 여기에서 무엇 하나라도 빠져있는 부분이 있다거나 실수가 있는 채로 그 다음 근무자에게 인수인계한다면 다음 근무자한테 모든 덤터기를 씌우게 되어, 나중에 가서는 그 모든 비난의 화살을 본인이 받아야 하고, 급기야 요즘 사회문제로까지 대두되고 있는 태움(재가 될 때까지 태운다는 뜻으로 몹시 심하게 괴롭히는 것)이라는 것도 바 로 이런 인수인계할 때의 실수가 도화선이 된다. 병동 내에서 환자를 처방할 때에는 한 치의 실수도 용납이 안 되기 때문에 자칫 실수를 범 하게 되면 선배간호사나 수간호사에게 크게 혼쭐이 나고, 주변에 있는 동료간호사들에게도 삽시간에 소문이 퍼져나가 한바탕 곤욕을 치르 기도 한다. 혹여, 실수를 해서 선배간호사나 수간호사, 간호과장 선생님에게 불려나가 꾸중을 듣고 있을 때에도 병동 내 업무는 지속적으로 돌아가기 때문에 본인이 실수하고 야단맞을 시간에도 본인이 현재 맡고 있어야 할 자리는 공석이므로, 업무량이 과하다 못해 눈코 뜰 새 없이 바쁜 대로, 실수는 실수대로, 야단은 야단대로, 업무는 업무대로 다 감수해야 되니 2중, 3중으로 극심한 노이로제에 시달려 하루하루 살아가는 날이 한탄스럽기만 하다.

또 간호사는 오후 점심시간 때 식사시간이 정해져 있다고 하지만, 간호사들 점심시간이 환자분들 식사시간대와 겹쳐지는 관계로, 환자분들 식사를 다 보조해준 다음에 점심식사를 할 수 있을 뿐더러 그 시간에도 환자분들을 책임지고 돌봐드려야 하니, 10분, 20분조차 사치일 정도로 단 5분, 10분 이내로 점심식사를 끝마쳐야 환자분들의 신체상태를 체크할 수 있으니, 상근직 근무자들처럼, 삼시세끼 편안히 밥을 먹어보는 날이 참으로 그립기만 할뿐이다. 더군다나 밤 근무 때에는 병원 직원식당이 문을 열지 않아 할 수 없이 끼니를 거르거나, 아니면 본인이 집에서, 또는 편의점에서 미리 도시락을 챙겨 와야 되는 불편함도 있다. 일부 야식을 제공하거나, 간호사 야식비를 지원해주는 병원도 있겠지만 이것들도 병원마다 차이가 있다. 그리고 간호사는 혹시나 타 병동부서로 근무지가 이전되는 상황도 찾아올 수 있으므로, 평상시에도 기본적인 의학용어들과 다른 병동 부서에 관한 의학용어들 또한 틈틈이 숙지하여 발령이 나더라도 잘 적응할 수 있도록 노력하는 자세를 보여주어야 된다. 그리고 어느 날 갑자기 병동 내 환자가 심정지로 사망했을 시에는, 환자보호자들에게 사망선언을 전달해주어야 하고, 사망 후에 사후처리도 끝내주어야 한다.

이렇듯, 간호사들이 살아가는 현장이란, 웃음꽃 피던 날이 그 언제였던가를 회상해볼 정도로 환자 간호에, 선배간호사의 고집스런 태클에 몸은 주눅이 들어, 오히려 간호사 자신이 간호 받아야 할 다급한 처지에 내적 열등감마저 밀려오니, 선배간호사의 실무교육 참석명령에 덜컥, 당황하지 않겠는가? 그것도 순전히 근무시간 후에 나만의 꿀맛 같은 사적인 자유시간마저 강탈당해야만 하는, 이 부당한 처사를 어찌 다루어야 한단 말인가? 전문직 여성간호사 C모씨의 몸은 고달프고 실무교육 받쳐줄, 체력도 충전하지 않은 채 병동규율에만 치중한다면, 반드시 보호해주고 보호받아야할 병동 내 전문직 여성간호사 C모씨 쓰러질지도 모른다. 앞이 캄캄하고 간호인력 운영에도 상당한 어려움을 호소하고 있는 현 실정에, 공손한 자세로 애써주고 다독여주어 위로받아야 할 간호사에게 잠잘 수 있는 개인의 권리를 시간 외 업무라는 비겁한 속임수로 부당하게 이용하려 한다면, 당신들은 필히 법을 어기는 것이며 투명한 장래 또한 보장받기 어려울 것이다.

결코, 그녀(여성간호사 C모씨)에게 공과 사의 한계선을 넘는 과오를 범하지 말라. 당신들이 그녀에게 공과 사의 한계선을 규정할 만한 처지는 되지 못한다. 나름대로 그녀가 맡은 간호사의 역할, 공적인 영역에서의 맡은 바 소임, 지키고 버티어내느라 애썼다. 밤을 지새우는 그 끈기에 응원의 한 표, 행사할 만하다. 단언컨대, 나쁜 사람이 보기에는 능히 잠과의 싸움을 감당할 수 있다고 확언할 수도 없지만, 그러한 악조건 속에서 홀로 무사히 이와 같은 업무를 주어진 시간계획표대로 능수능란하게 생생히 구현하는 데에도 선뜻 나서서 할 수 있는 것도 아니라고 본다.

03
업무시간 외 간호사회식 및 생일참석과
강제근무 투입된 간호사 J모씨

지방의 한 외과병동에서 이제 3개월 차 병동생활에 한참 적응해나가고 있는 전문직 여성간호사 J모씨는 3교대 근무로 불철주야 환자들 관리에, 선배간호사들의 잔소리에 정말 하루하루가 왜 이다지도 길게만 느껴지는지 깊은 고민거리들로만 하루가 지나갈 뿐이다. 게다가, 간호사 J모씨가 근무하는 병동에서는 간호사의 지원이 절실히 필요하지만, 그에 걸맞은 간호인력 충원은 아직까지도 그 답을 주지 못한 채, 긴긴 시간 동안 남아있는 현 인원으로 온 전력을 다해서 근무에 임해야만 했다. 간호사 J모씨는 오늘 새벽시간대까지 지독한 야간근무를 끝마치고 집으로 귀가하려는 중에, 수간호사 선생님으로부터 문자메시지 한 통이 수신됐다. 무슨 내용인지 궁금해 문자를 확인해보니, 다름이 아니고 오늘 오후 12시에 병원외과병동 간호사 식구들끼리 회식이 있다면서 데이(오후)근무자만 빼고, 전원 참석하라는 문자내용이었다.

참말로 이건 또 무슨 청천벽력 같은 소리이란 말인가? 이제 갓, 나이트 근무 끝나고 귀가하려던 찰나에 잠자는 흉내조차도 내지 못한 채로 긴급명령을 전광석화처럼 쏘아대니 말이다. 더군다나, 문자를 보낸 이도 다름 아닌 외과병동에서 간호사들 사지를 벌벌벌 떨게 만드는 아주 악명 높은 뺑덕어멈 수간호사 선생님이 직접 보냈으니 말이다. 더 이상 뭐 주위를 둘러보고 지형지물을 찾아, 몸을 숨기고 자시고 할 것도 없이 어김없이 회식에 참석하는 길밖에는 별 도리가 없다. 다른 근무형태 방식이라면 그래도 별 무리 없이 수월하게 회식에 참석할 수는 있다. 이를테면 상근직 근무를 하고 있는 경우 그 당일 오후에 회식을 한다고 하면, 당연히 그 당일 오후에는 간호사 팀원들 전체가 쉬기 때문에 아무런 부담 없이 자유스럽게 회식에 참가하고 집으로 돌아와 충분한 여유시간을 가진 채로 그 다음날 아침에 정상 컨디션으로 출근할 수가 있다.

그런데 3교대 근무자들이, 그것도 한낮에 회식을 한다는 건 참석률도 극히 저조할 뿐더러, 또 모이더라도 동료간호사들 대부분이 얼굴에서 밝은 미소를 찾아볼 수 없을 정도로 피로한 기색을 드러낸 채 마주하니, 그 기분 아마 3교대나 2교대 근무를 해본 사람들은 너끈히 이해할 것이다. 그리고 또 무엇보다도 간호사 J모씨는 야간근무가 끝나고 난 뒤, 곧바로 찾아온 회식자리이기 때문에 엄연히 업무시간 외 근무에 속하지만, 그런다고 이 일을 증거삼아 이의제기하거나, 근로기준법 위반으로 고소한다고 하여도 당사자가 원하는 만큼의 효과는 보지 못한다고 한다. 그리고 이 일의 결과가 나올 때까지 자꾸만 딜레이되면 될수록, 병동 내의 눈치 빠른 타 동료간호사의 레이더에 포착돼, 이때부터 이 해당 간호사를 향한 거침없는 인신공격과 따돌림, 신변을 위협하는 공포심으로 둘러막아 옴짝달싹못하게 만들어버린다고 한다.

하는 수 없이 회식자리에 참석은 한다지만, 이 간호사 J모씨는 시종일관 불안하기만 할 것이다. 여태껏 선배간호사의 잔소리에 얼이 절반쯤은 빠져있는 터라, 영 탐탁지 않은 모습으로 선배간호사들의 비위를 그저 맞춰줄 뿐이다.

회식에 참석한 간호사 J모씨는 역시 선배간호사와 수간호사 선생님의 입에서 기분 좋은 이야기가 흘러나오리라고는 보지 않았기 때문에 마음의 각오는 갖추고 있었다. "아이고… 우리, 부족한 사고뭉치 선생님께서도 오셨네!" 첫마디에서부터 비상식적으로 끝내주는 수간호사 선생님의 말투는 꼬리에 꼬리를 물고, 회식종료 직전에까지 물고 늘어졌으니 바로 앞에 먹기 좋게 차려진 음식물을 씹어먹어도, 영 개운치가 않고, 속이 거북스럽지 않겠는가? 거기에서 흘러나오는 이야기의 내용들도 사적인 대화는 좀처럼 찾아볼 수 없고, 순전 공적인 아우성 위주로만 주류를 이루었다.

체계가 잡혀있는 여느 일반병동 간호사 팀원들마냥 간호업무에 대한 문제제기, 인력부족으로 인한 업무과중, 서로 마주보며 앉은 자리에서 그동안 이해되지 않았던 일들에 대한 대책강구, 그리고 수간호사에 대해서 섭섭하게 생각하는 점과 선배간호사의 의료술기 조언, 후배간호사에 대한 태도, 서로에게 그동안 궁금했던 이야기 등을 종합적으로 수렴하면서 검토해보려고 하는 것들과는 대조되는 분위기로, "우리는 그냥 우리 방식대로 자유스럽게 살아가리라"라는, 고집스런 권위의식으로만 무장한 채, 팀원들과의 단합된 이미지는 보여주지 못하였다.

비단, 이 일뿐만이 아니다. 어떤 날은 병원행사라고 쉬는 날에, 열외 없이 참석하라는 문자통보에 어김없이 불려가야만 했었고 CPR교육(심폐소생술)때에도 곧장 병원으로 출동해야만 했었다. 정말로 눈물, 콧물이 다 나올 정도로 감내하기 벅차기도 하였지만, 3개월 차에 접어든 신규간호사의 입장이라 아직까지는 병동전체 흐름을 다 파악하기란 머나먼 정글과도 같았고, 또한 모르는 것들 투성이라 오직 하나라도 더 알기 위해서 동분서주 움직여야만 했었다.

　그리고 또 하루는, 외과병동에 근무하는 같은 부서 선배간호사의 생일이라 또다시 부름신호에 응답표시를 해주어야만 했다. 비록 이 날은 오프(쉬는날)는 아니어서 그런대로 불려나가는 게 조금 더 나을 수도 있지만, 이브닝(오후) 근무시간 때에 인수인계 해주어야 되므로, 평소보다는 3시간이나 일찍 병원에 도착해야만 했다. 여기에 만약 늦게라도 도착한다면, 또 그만큼의 따가운 잔소리들을 중구난방으로 속사포 쏘아대듯이 늘어놓을 것이 뻔하기 때문이었다. 병동팀원들 단체회식도 아니고 고작, 같은 부서 선배간호사 생일잔치에 그것도 평소보다 더 이른 시간대에 나오라고 하니, 무슨 말이 더 필요하겠는가? 생일잔치도 평소와는 달리, 이 날은 또 특별한 이벤트로 꾸려서 진행한다는 것이었다. 대부분 그 당일, 주인공이 생일을 맞이하게 되면 생일케이크에 꽂혀있는 촛불을 입으로 불어서 끈 다음에, 그 주변에 있는 친구나 가족, 동료들이 생일축하 노래를 불러주면 해당 주인공이 간단한 소감 한마디로 주변에 있는 사람들에게 화답하고 종결시키게 마련인데, 특별히 선배간호사의 생일 때는 생일 축하한다는 뜻을 진심으로 나타내기 위해 별도의 축하메시지를 엽서식으로 꾸며서 생일을 맞이

한 선배간호사에게 전달해야 된다는 내용이었다.

참말로 애지중지이다.

당연히, 그동안 선배, 신참간호사로서 한결같이 가깝고도 사이좋게 지내며 정을 나누는 동료관계라면, 그 무언들 못하겠는가? 하다못해, 엽서뿐만이 아니라, 덤으로 아기자기하게 포장되어진 정성 가득한 선물마저 공손히 내밀면서 애교 있는 윙크와 함께 "언니, 정말 진심으로 생일축하하고 언니가 이 세상에 태어난 이유는, 여러 아픈 사람들의 환부를 부드럽게 쓰다듬어주고 호… 호… 불어주고, 위로해주기 위해서란 걸 언니도 알지!" 라고, 자연스러운 이 말이 저절로 간호사 J모씨에게서 나오지 않겠냐 이 말이다. 그도 그럴 것이 이러한 사람들의 행동실태를 보고 있노라면 간호사로서 이 직분에, 자신들의 생명을 내걸 정도로 한이 서린 젖줄이 달려있는지, 신입간호사나 아직 채, 이 병동부서에서 근무파악을 다 하지 못한 동료간호사가 자칫 환자에게 실수를 하게 되는 꼴은, 두고두고 가슴속에 품고 좀처럼 잊지 않는다. 또 그 실수를 일으킨 해당 간호사가 바른대로 이실직고해도 단 한 번의 훈계로 끝나지 않고 마치 그러한 순간을 한 장의 사진으로 촬영하고 액자 속에 고이 보관하듯, 잊어먹지 않고 언제라도 자기들은 이러한 것들을 증거물들로 내세우면서 이야기할 수 있다는 걸, 당당히 준비시켜두니 말이다. 그러니, 이들의 생각 속에 들어있는 것은 "실수는 곧 금물이다!"라는 것이다. 실수를 하게 되면, 우리가 보호하고 있는 환자들의 건강상태가 위급해지는 건 당연한 일이고 또 그 실수를 일으킨 장본인도 숨이 꼴까닥 넘어갈 만큼의 죄책감과 이후, 동료들과 수간호사, 간호

과장, 간호부장 선생님에게 불려갔을 때의 책임추궁, 그러한 사건으로 말미암아 해당 간호사에게 불어 닥칠 경고조치사항이나 부서이동, 아니면 그보다도 더 위협적으로 다가올 후폭풍들을 감내해나가는 데에도 아마 한계선에 부딪칠 것이다. 그러므로 이러한 사람들(병동 내 동료간호사들)이 이 병동에 몸담고 있는 이상은, 그 해당 간호사(실수를 일으킨 간호사)뿐만이 아니고, 자신들 또한 전체 팀원에 속한 병동간호사로서 그 책임의 여파를 고스란히 피해갈 수 없는 난항에 처해 자신들이 그동안 힘들게 일구어온 터전에서 쉽게 물러나버린다는 것은 곧, 그들의 생계에도 치명타를 안겨주는 꼴이 되다보니, 간호사가 오류를 저지르는 경미한 부분에 대해서도 촉각을 곤두세우면서 거침없는 자세로 대응하는 것이다.

그렇게 해서, 이 전문직 여성간호사 J모씨는 선배간호사의 생일잔치를 간신히 마무리지어 끝낼 수 있었으나 이 일 말고도, 암운을 드러내게 하는 몹시 곤란한 상황은 또 이 가냘픈 간호사 J모씨의 응어리진 가슴을 톡톡 두드리면서 심박 수를 올리며 두근거리게 만들었다. 나이트 근무(야간근무)가 끝나고, 2일이라는 오프(쉬는 날)가 주어지는 꿀맛같은 어느 휴일을 맞이한 간호사 J모씨는 그 동안의 찌들어있는 해묵은 쓰라린 상처들과 기력 상실된 몸을 충전하기위하여, 기본수면시간은 최대로 확보해두려는 일정과 함께 나머지 남아있는 또 하루를 공기좋은 산으로 가서 힐링하려고 마음먹고 있었다. 그동안 정말로 다람쥐 쳇바퀴 굴러가듯, 늘 반복되는 패턴에 그것도 몸이 적응되려고 하면 또다시 낮과 어둠의 경계를 넘나드는, 극과 극을 오가는 영역에서 3교대 근무의 생활피로도란, 상근직 근로자가 이러한 로테이션 구조를 구석구석 다 이해하기에는 아마 불가근의 영역에 해당할 것이라고 본다.

그렇게 해서 간호사 J모씨는 예정대로 기력보충과 마음의 치유를 위해서 사람들의 때가 미치지 않은 청정지역의 장소를 찾아가, 해발고도에서 내뿜어져 나오는 천연의 맑은 산소들을 공급받고 내 주어진 한계치까지 최대한 더 깊게 호흡하면서 그간 병동 내에서 받아왔던 골치아픈 스트레스들을 하나라도 더 털어버리기 위해 각고의 세심함마저 잊어버리지 않고 동원하였다. 남김없이 모조리 다 머릿속에서 지워져버릴 때까지 말이다.

마음은 이곳에, 이 산에서 그냥 하루 동안 산에서 사는 자연인들처럼 하루라는 시간을 완전히 다 산에서 소비하고 싶었다. 2일이라는 꿀맛 같은 휴일이 지나가고 나면 또다시 어둠의 공포로 휩싸이는 저 살 떨리는 선배간호사, 수간호사의 호령소리, 한 치의 실수도 있어선 안 된다는 살을 에는 듯한 으름장, 내가 진정 이 병원이라는 건물 안에서 하고 있는 이 간호사라는 일이, 내게는 정말로 어울리지가 않는 일일까? 혹여, 남들이 봐도 내가 이 간호사라는 임무를 수행하고 있는 게 부적합하다고 보일까? 라고, 잠시 자기 자신에 대해서 의문점의 부끄러운 면을 살짝 내비치어 보기도 한다.

그러나 현실의 세계는 간호사 J모씨를 또 이곳에 오래 붙잡아두려하지 않는다. 간호사 J모씨에게 결코 그러한 병동 분위기가, J모씨의 직장생활을 지배한다고 해도 또한, 선배간호사, 수간호사의 매서운 잔소리들이 간호사 J모씨를 옭아매려 한다고 해도, 그러한 것들이 이 간호사 J모씨가 병동생활에서 살아가는 데에 결코 짐이 되지 않는다고, 다그쳐 암시해준다. 하기야, 외과병동으로 다시 또 복귀하면 그동안 J 간호사 얼굴 못 보았다며 기쁜 마음으로 반겨주고 유독, 칭찬하시며 격려의 말씀을 건네주는 특정 환자분과 그 외의 모든 환자분들을 위해 서라도 그곳으로 가야만 할 것이다. 그렇게 J간호사는, 하루라는 시간 을 자연이라는 거대한 곳에서 자기만의 자유시간도 찾고, 힐링보조제 도 덤으로 챙기면서 이제 남은 나머지 하루는 그냥 집에서 조용히 숙 면을 취하고 간단한 의료술기 복습시간을 가진 후, 남은 시간은 취미 활동으로 전부 다 보내기로 했다.

그런데 이때, 느닷없는 비보가 날아왔다. 수간호사로부터 간호사 J 모씨에게 문자메시지가 한통 전해졌는데 내용인즉 이러했다. 다른 조 에 편성되어 있던 이브닝(오후)근무자가 아무런 통보 없이 갑작스럽 게 그만두어, 그 자리에 누구 한 사람을 투입시켜야 되는데 하필, 휴무 중이던 간호사 J모씨에게 비어있는 자리를 메우라고 연락을 준 것이 다. 순간, 간호사 J모씨는 땅이 꺼질 듯한 기분이었다. 아니, 같은 조도 아니고 다른 조에 있던 근무자면, 퇴사한 근무자가 편성되어있던 조원 중에서 차출하면 되는데, 왜 애꿎은 다른 조원의 간호사를 투입시키는 지 간호사 J모씨는 다급한 심정으로 따져 물었다. 그러나 다시 회신된 수간호사의 전달내용은 다른 조에서도 마찬가지로, 한 사람은 전화연 락이 두절되고 그 외 두세 사람은 급히 처리해야 할 일이 있다며 그럴 싸한 변명을 대고, 또 한 사람은 다니던 학원이 있어 교육에 빠지면 안 된다는 것이었다. 아무리 데이, 이브닝, 나이트근무자를 변경시켜, 듀 티(간호사 근무표)를 수정하고 끼워 맞추려고 해도 병동의 부족한 인력으로는 도무지 답이 안 나온다는 말 뿐이었다. 참으로 보고 있는 당사자로서는 말문이 막힐 것 같은 당혹스러움에 어안이 벙벙했다.

근로기준법상으로도, 강제근무위반에 해당되는 사항이기도 하였지만 해당 간호사 J모씨에게는 이제 3개월 차에 접어들어, 이런 상황이 자신에게 들이닥칠 줄은 예상하지 못했고 더군다나 법률지식에 관해서도 알고 있는 내용들도 부족해 딱히 뾰족한 수가 떠오르지 않아 하는 수 없이 수간호사의 강요에 못 이겨, 수락할 수밖에 없었다. 간호사 듀티(간호사 근무표)도 전체 다 새로 바뀐 채 말이다. 그렇게 간호사 J모씨는 다시 또 새로운 근무스케줄에 몸과 마음을 일치시켜 잘 적응해 나가야만 했다. 비단, 잘 적응해 나간다고 해도 또다시 이런 상황이 언제 터져 나올지 모른다. 3교대 근무의 특성상, 주·야 근무 시간대 변화가 자주 있다고 하지만, 누구 한사람 때문에 통째로 근무스케줄이 바뀌어 그때그때마다 근속기간이 짧은 간호사를 끼워 넣어, 애꿏은 한명의 간호사가 피멍이 들게 하는 어수선한 상황은 제발 보여주지 말자. 간호사가 무슨, 소머즈라도 된단 말인가?

04
간호사들에게 있어 나이트킵 근무와
3교대 근무라는 건 어떤 것인가?

이처럼, 앞에서 보아온 간호사 J모씨의 예처럼, 3교대 간호사들은 주·야 가릴 것 없이 전천후로 맹활약해야 하면서도, 시차적응에도 익숙해져야만 한다. 더군다나 3교대 근무의 특성상 친구나 가족 간에도 약속을 정해 모이기가 힘듦으로, 차라리 어쩔 때는 나이트킵 근무(야간전담 근무)를 지원해서 근무하고 싶은 마음이 들기도 한다. 나이트킵 근무(야간전담 근무)를 하게 되면, 저절로 데이, 이브닝 근무는 하지 않아도 되고 또 오프(쉬는 날)도 평상시 데이, 이브닝, 나이트(아침, 오후, 밤)근무를 할 때보다 2~4일 사이로, 조금 더 쉬게 되는 효과도 있다. 떠도는 소문에 의하면 어떤 간호사는 오프(쉬는 날)를 일주일이나 연속으로 받는 날도 있다고 하니, 이때를 자기해방의 기회로 삼고 여행을 떠난다거나 아니면 이 황금 같은 기회를 이용해, 학원에 다닌다거나 또 다른 진로모색을 위해 부지런히 다른 분야 쪽으로 선회해서 학문에 열렬한 집중력을 투여하며 안간힘을 쓰는 간호사들도 눈에 띈다고 한다. 그리고 나이트킵 근무를 하게 되면, 일반 3교대 근무(아침, 오후, 밤)를 했을 때와는 사뭇 다른, 병원직원들이 거의 다 퇴근하고 없기 때문에 평상시 어색하게 눈치 보는 분위기로 선배간호사들을 대하고 마주치는 일도 없어서 나이트킵 근무를 하고 있는 본인은 마치 거대한 풍선을 타고 하늘을 훨훨 날아가는 기분에다가, 밤이기 때문에 환자 보호자분들이 병문안 올 일도 없고 본인이 담당해야 할 환자들도 모두 다 잠을 자기 때문에 여기에서 밀려오는 주문, 요구사항들도 자연히 사라지니, 여타 일부간호사들이 보기에는 그야말로 이 나이트킵 근무가 더도 덜도 없는 천군만마를 취득하는 권리로까지 느껴질 정도이다.

하지만, 또 그만큼의 나이트킵 근무를 하게 됨으로써 밀려오는 피로도 역시 무시 안 할 수가 없다. 나이트킵 근무를 끝마치고 3~4일간 충분한 휴식을 취하고 나오면 그 휴식을 취했던 기간만큼의 환자들의 변수상황, 차트기록들도 쭉 훑어봐야 하는 세심함에다가, 인수인계하는 시간도 딜레이될 수밖에 없으니 거기에서 오는 단점들 또한 유심히 헤아릴 필요도 있겠다. 이와 같이 나이트킵 근무도 상근직 근무자들처럼, 야간전담 고정으로 쭉 해나가는 것이지만, 이것도 3개월 주기마다 반복된 패턴이 있으므로 나이트킵 근무가 다 완료되면 또다시 평상시 3교대 근무로 로테이션 체계를 유지해나가야 한다. 어찌 보면 이 3교대 근무라는 것이 간호사들에게 떼려야 뗄 수 없는 자석 같은 존재로까지 느껴지게 하는 부분도 있다. 상근직 근무자들처럼, 저녁 6시 정시에 퇴근해서 집으로 가버리면 병동에 남아있는 사람은 환자들밖에 없으니, 이들을 간호할 대체인력을 그 어디에서 찾겠는가? 정말로 이럴 때는 이 간호사들의 3교대 근무투입이 아주 절실하게 다가올 수밖에 없는 것 같다. 그러나 간호사들도 이 3교대 근무를 하게 됨으로써 오는 불편한 점들을 감수해야 되니, 그 고생 차마 말이 아닐 것이다.

　3교대 근무를 하게 되면 친구나 가족, 지인 등 이렇게 약속을 정해서 모임을 갖는 것도 시간대가 불규칙적으로 흘러감으로 인해, 참석하는 데에도 불편함이 따를 수밖에 없다. 그리고 본인이 평소에 복용하고 있는 약이 있을 경우, 항상 정해진 시간대에 복용하는 것도 어렵게 된다. 거기에다가 병동에 근무하고 있는 간호사인력이 부족하다면 극단적인 근무스케줄에, 녹초가 된 자신의 이미지를 구현해주고, 생체 바이오리듬이 깨져 불면증이나 심혈관계 질환 등 각종 질환들이 야기될 우려가 있어, 본인이 항시 직시하고 수시로 몸 상태 점검하는 데에도 소홀함이 없도록 해야 한다. 업무량은 많고, 일반 전일제 근무와는 판이하게 다른, 3교대 근무라 신체는 바이오리듬을 잃더라도 충분히 쉬어주게 해주면 다시 원래대로 돌아올 수도 있으나, 그것들 또한 언제 또 다시 회복의 기미를 가져다줄지도 기약할 수 없는 안타까움에 애만 탈 뿐이다.

　그리고 3교대로 근무하고 있는 중에, 같은 병동에 근무하는 동료간호사가 갑작스럽게 퇴직하거나 돌연, 예기치 않은 상황으로 자리가 비어있게 되면 그 병동에 남아있는 간호사가 더블근무를 뛰어야 할 정도로 업무부담은 더 증가되고 간호사근무 시간표도 전부 싹 바뀌어 일대 대규모 혼란이 찾아오기도 한다. 때론, 너무 힘에 부치어, 쥐도 새도 모르게 조용히 퇴사하고도 싶지만 그동안 꽤나 정성들이고 보살펴주었던 환자들을 생각하면 눈앞에 선해서 걱정이 되기도 하고, 간호사에게 맡겨진 소임은 되도록 그 종착지가 보이도록 간호사 본인에게 차표가 쥐어져 있는 한, 종착지까지 내달려 가봐야 할 것이 아닌가 하는, 사명감에 버티기 작전으로 변형시켜 가면서까지 참아내는 그 인내심에 기립박수라도 쳐주고 싶을 뿐이다.

그리고 혹여, 근무 실수로 인한 선배 및 동료간호사의 따가운 눈총에 뼈가 깎여나갈 것 같은 모진 악조건들을 애써 견디어내야 하니, 참으로 기가 막힐 노릇일 것이다. "선생님! 제 입에서 욕 나오게 하시면 안 돼요!", "선생님! 저는, 이곳에 처음 근무했을 때 개같이 깨졌어요!", "아니요! 괜찮아요! 처음에는 누구나 다 실수할 수 있지요!" 라고 말하면서, 실수한 간호사의 어깨를 가볍게 툭 치고 지나가는 심리폭력은, 참말로 안당해본 사람은 모를 정도로 살얼음판 위를 걷는 기분에 살이 떨린다. 그러면 그럴수록 갈등증폭은 부글부글 끓어오르는 가마솥 단지의 솥뚜껑을 1m 40cm 높이의 공중으로 튕겨버릴 정도의 울분으로 중무장될 것이다. 참으로 부당하기 짝이 없는 간호사들의 현주소를 낱낱이 보여준다. 그런다고 해서 태움(재가 될 때까지 태운다는 뜻으로 직장 내의 괴롭힘)과 같은 병동 내 말 못 할 괴롭힘을 고발하기라도 한다면, 병원 내 내부감시자에 의해서 본인도 모르게 자칫 블랙리스트 명단에 올라, 설사 이곳을 그만두고 다른 병원에 재취업하는 데에도 방해를 받는다고 하니 이러한 사태의 심각성은 나날이 커져만 가고, 또 이런 와중에도 제2, 제3의 피해간호사들은 연이어 나타날 것이다.

우리나라 병원에서 근무하고 있는 대부분의 간호사들은 환자들의 수요와 간호사의 공급이 맞지 않는, 참으로 어지러운 형국에 처해있다고 한다. 환자 4~5명은 고사하고, 15명 이하만 되어도 "닐리리야 닐리리 닐리리 맘보"를 외칠 지경인데, 20명, 아니 30~40여 명의 환자들을 간호사 1명이 다 맡아야 하는 3교대 근무는, 팀널싱이든 펑셔널이든 재차 억지로 분루를 삼켜가며 일하고 있는 간호사들의 고통스런 인고의 울부짖음이 아직도 병동건물 외벽을 타고, 마치 초음파로 그 신호를 전달해주는 것 같이 느껴지기도 한다. 정말로, 3교대 근무에 종사하고 있는 간호사는 환자들을 돌보고 있는 병원에서 없어서는 안 될, 필수 불가결한 살림꾼으로서 언제 어느 때라도 자기역할에 주눅 들지 말고 호기롭게 그 위상, 잊지 말고 기억해 두었으면 한다.

05
업무와 무관한 나이, 결혼유무, 출생지는 왜 물어보는가?

    나쁜 사람은 새로운 신입사원이 자기가 일하고 있는 회사에 들어오면, 이 신입사원의 생김새를 유심히 파악한 연후에, 자기가 여태껏 보아왔던 사람들과 왠지 순한 기질을 띄면서 특별한 차이점이 보인다고 생각되면, 첫마디에서부터 시작하는 말이 대개, 공적인 질문과는 전혀 다른 사적인 질문이다. 그리고 그 사적인 질문의 효시가 바로 나이, 결혼유무, 출생지이다. 분명히 공적인 질문이 아닌데도, 이 나쁜 사람은 해당 신입사원의 개인정보를 캐내려고 집요하게 달라붙는다. 그리고 신입사원이 왜 물어보는지 반박해도 거기에 대해서 정당한 항변을 내놓지 못한 채, "그냥 궁금해서 물어 본다", "형인지 동생인지", "언니인지 동생인지", "아저씨라고 부르면 이상하니까", "나이가 좀 많아보여서", "어차피 여기에서 오래 일하려면 호칭을 정해서 부르는 것이 나을 것 같아서…" 등 말은 이렇게 한다지만, 이러한 질문들은 하나같이 모두 다 공적인 질문이 아닌, 사적인 질문이므로 그다지 크게 중요성이 없다고 본다.

그리고 나쁜 사람은 자기가 봤을 때, 새로운 신입사원이 거북스럽게 생긴 외모라던가, 무언가 이 회사에서 오래 일할 타입이 아니고 왠지 자기하고 잘 안 어울린다고 판단되면 이러한 사적인 질문들은 일체 물어보지 않는다. 정작, 나쁜 사람의 물어보는 의도는 따로 있을 것이다. 가령, 자기의 일손을 조금이라도 덜어내기 위해서라든지, 아니면 자기만의 욕구충족을 위해서일 것이다. 무언가, 일반사람들과 다른 특징이 보이면서, 착실하고 순하게 이 회사에서 오래 일할 것처럼 보이면 이때를 놓치지 않고 서슴없이 물어본다는 것이다. 별 아무런 뜻도 없이 그냥 궁금해서 물어본다는 말 자체는, 성립이 되지 않는다. 더군다나 상대방은 의문의 반박표시를 나타내거나, 아무런 동요 없이 함구하고 있었는데도, 아니면 잘 모르겠다고 말을 했는데도, 나쁜 사람은 끈질기게 상대방의 개인정보를 알아내려고 혈안이 된다는 것이다. 그렇다면, 이건 필시 무언가 나쁜 사람의 딴 의도가 있다는 뜻이다. 그렇지 않고서야, 상대방은 분명 사적인 질문이라, 회사업무에 관한 공적인 질문과는 아무런 상관이 없어서 거절하거나 노코멘트 했는데, 이것을 포기하지 않고 끝까지 상대방이 싫어하는데도 불구하고 기어이 그 끝을 보겠다는 집념 하나로 물어본다는 건, 결국은 나이, 결혼유무, 출생지를 알아내어 자기(나쁜 사람)의 욕구결핍을 충족시키거나 아니면 자기(나쁜 사람)가 일하는 데 있어서, 조금은 일손을 덜어내 보려고 하는 수작을 부리는 것에 그 무게를 더 실어주고 싶다.

웬만한 보통사람 같으면, 궁금해서 한번 나이를 물어봤다 쳐도, 상대방이 싫어하는데 굳이 자꾸자꾸 귀찮게 굴면서 성가시게 괴롭히지는 않는다. 그런데 나쁜 사람은 신입사원이 "잘 몰라요!" 라고 대답하면, 거기에 한술 더 떠서 "아니, 자기 나이도 몰라요?"라고, 대꾸하면서 비방한다. 참말로 듣고 있는 당사자로선 돌아버릴 것 같은 마음뿐이다. 끝까지 포기하지 않고 나이에, 무슨 자기 먹고 살 생계거리보다 더 중요한 문제가 걸려있으면 저렇게나 집요하게 물어본단 말이던가? 그런다고 해서 신입사원이 또 "사적인 질문이에요!"라고 말하면, 아니, 그게 무슨 사적인 질문이냐며 오히려 정색하고 호되게 야단치면서 속이 무척 거북하다는 투로, 되받아쳐버린다. 이렇게 인정머리 없는 태도로 나오니, 나쁜 사람이라고 판단내리지 않겠는가? 그리고 또 신입사원이 아무런 말도 하지 않고 가만히 있으면, 자기들(나쁜 사람들)끼리 "말을 안 해!", "아무 반응도 없는데?", "아무 말도, 안 한다니깐!"이라고, 바로 앞에서 당사자(신입사원)가 이러한 광경을 빤히 다 지켜보고, 듣고 있어도 자기네들끼리 사람 앞에 세워두고 보든 말든, 듣든 말든 함부로 평가하면서, 자기들(나쁜 사람들) 집에 무슨 희한한 희귀동물이라도 들어온 것처럼 쳐다보며 비웃고, 사람을 조롱하면서 우습게 취급해버리니 어찌 이들의 행동거지에 이상이 없다고 말할 수 있겠는가?

또, 호칭을 정리하기 위해서 서로가 부르기 쉽게 이왕이면, 좀 더 가까운 사이로 지내기 위해서 물어본다고 하지만, 정작 이들(나쁜 사람)의 말에는 신빙성이 결여되어 있다. 물론, 새로운 신입사원의 신상에 대해서 알고는 싶지만 실제 당사자가 약간은 꺼려하면서 쉽게 내색하지 않는 타입이라면 살짝, 뒤로 물러날 줄 아는 안목도 가져야 한다. 더군다나 이제 갓 들어온 신입사원 보고, 뜬금없이 나이를 물어본다면 자기노출에 민감하게 반응하는 사람들은 순간, 당황할 수도 있다. 그리고 아직 이 업무에 관해서 얼마 근무하지도 않은 신입사원을 보고, 이러쿵저러쿵 사사로운 질문들을 연이어 캐묻는 것도 상대에 대한 예의가 아니다. 나쁜 사람이 보기에는, 이 신입사원이 정말로 일을 오래 할 것 같은 인상으로 보인다 해도 하루만 일하고 간다거나, 일주일, 아니면 한 달만 일하고 그만둘 수도 있기에 아직까지는 시기상조이고 최소한도 업무가 충분히 몸에 익을 수 있도록, 시간의 말미를 더 주고난 후에 물어봐도 늦지는 않을 것이다. 그리고 나쁜 사람이 나이를 물어봐서 만약, 상대방이 자기보다 나이가 더 많다면 당연히 예를 갖추고 존중해주는 말투를 쓰겠지만, 나이가 자기보다 더 적을 시에는, 반말은 물론이거니와 바로 그 자리에서 평가하고 깔보면서 업신여겨 버린다.

물론 보통 사람이야, 좀 더 시간의 경과를 지켜보고 형식적인 반말을 할 수야 있겠지만, "○○야!", "야!", "너!"라고, 어린 꼬마 애들 이름 부르듯이 취급하는 건 사람의 도리가 아니다. 자기(나쁜 사람)보다 비록 나이는 적을지언정, 세월의 흔적이 오래 묻어 있다면 마땅히 하나의 인격체로서 대해주어야 한다. 하지만 나쁜 사람에게는 상대방의 나이를 측정하는 척도도 어긋나버려서, 나이의 많고 적음을 가늠하는 것조차 통 모르고 있으니 참으로 보고 있는 이, 애석하기만 할 뿐이다. 나이로 상대방을 평가하는 것도 문제이지만, 이 나쁜 사람은 새로운 신입사원이 어떠한 일을 해나갈 때, 나이와 연관시켜 해당 신입사원을 비하하면서 주눅 들게 만들어버린다. 그것도 주위의 여러 회사동료들이 보고 있는 상황에서 말이다. 자기(나쁜 사람)가 원하던 정보(나이)를 얻어냈으니, 이제는 신입사원에대해서 어느 한 가지 약점을 알고 있고 해당 신입사원을 부르는 말도 "○○씨!"라고, 존중하는 애칭을 쓰긴 한다지만, 건네주는 어투만 좀 그럴싸하게 보인다 뿐이지 무슨 일을 시킬 때나, 아니면 신입사원이 지시하는 내용을 잘 이해하지 못했을 시에는 어김없이 비방과 화를 내고, 야단치면서 "아니, 이렇게 하면 되잖아요!", "저기 있잖아! 저기!", "거기, 멍하니 서 있지 말고 이것(물건) 좀, 들으라니깐!", "아니, 거기 말고, 여기를 잡으시라고요!", "아니, 말귀를 못 알아먹으세요!", "이거 해! 이거!", "이 일은, 내가 할 테니까 저리 가!" "저기로 가라고! 저기!", "비켜! 저리, 비키라고!", "저쪽으로 꺼지라고!" 이런 식으로 얼굴을 몹시 붉히면서 언성을 높이고 성난 사냥개마냥, 날카로운 어금니를 드러내며 매우 사나운 말투를 사용하면서 비인간적으로 대한다.

또 이러한 나쁜 사람과 함께 같이 일하고 있는 그의 동료들도, 역시 신입사원이 얼굴생김새와는 달리, 나이가 자기보다 더 적다는 것을 알고, 나쁜 사람이 행했던 말투대로 똑같이 아주 야만스럽게 대한다. 이렇게 나오니, 참으로 보고 있는 당사자, 그 얼마나 곤혹스럽겠는가? 아니, 도대체 나이가 무엇이길래 사람을 어린애나, 노예 취급하듯이 무례하게 대하는지 진정 밝혀내고 싶다. 나이가 적으면, 남한테 반말과 야만스러운 행위들을 고스란히 받아야만 하고, 또 나이가 많으면, 남한테 존경스러워하는 마음을 꼭 받아야만 하는가? 나이의 많고 적음이 무슨, 그 사람의 가문과도 관계된 빛나는 황금작위라도 된단 말인가? 무릇 말하건대, 결코 나이 하나로, 그 사람의 성품, 능력을 함부로 평가하지 말라. 사람의 외모, 얼굴생김새를 보고 "나이가 많이 들어 보이는데, 실례지만 나이가 몇 살이세요?"라고, 물어보는 당신들은 그러면 눈뜬 장님이란 말인가? 자신(나쁜 사람)의 입으로, 분명 나이가 많이 들어 보인다고 말을 꺼냈다면 굳이 나이를 물어볼 연유가 없다. 상대방의 나이가 많아 보인다는 걸, 알았으니까 말이다. 그렇게 물어봐서, 상대방이 몇 살인지를 알아내면 갑자기 회심의 미소를 보이면서 어떻게 하면 이 사람을 재미있게 가지고 놀까 하고 구상하는 것이, 나쁜 사람들에게서 나타나는 공통된 특징이다. 그리고 나쁜 사람이 나이를 물어보았는데, 신입사원이 끝끝내 입을 다물어 가르쳐주지 않으면 나쁜 사람은 사무실 관리자에게까지 찾아가서 신입사원의 인적사항에 대해서 기어이 알아낸다. 그리고 회사동료들과 공유하고, 소문을 퍼트리면서 신입사원으로 하여금 영원히 치유될 수 없는 사생활 무단 침해라는 상처를 안겨줘 버린다.

그러나 이제는 이러한 행위들이 고용노동부가 정의한, 회사동료를 괴롭히게 만드는 요인으로 개인 사생활에 대한 소문을 퍼트리는, 타인의 명예를 훼손시키는 행위로 간주된다고 하니, 새로운 회사에 입사하는 신입사원들은 혹여나 회사동료가 이러한 사적인 질문들을 물어본다면 직장 내 괴롭힘 금지법안들을 필히 숙지하여 나쁜 사람들로부터 개인 사생활이 누설당하는 꼴은, 되도록 당하지 말자. 이뿐만 아니라, 나쁜 사람은 또 이 회사에 들어온 새로운 신입사원에게 결혼유무에 관해서도 곧잘 물어본다. 이 역시 결혼유무 또한 공적인 질문과는 엄연히 상관없는 업무 외 관계되는 일이므로 신입사원은 침묵해도 될, 권리가 있다. 그런데도 나쁜 사람은 이 신입사원의 얼굴생김새를 보고, 나쁜 사람이 보기에 다루기 쉬운 대상으로 여겨지면 서슴없이 "결혼했어요?" 라고, 물어본다. 물어본 질문에 만약, 신입사원이 "예! 결혼했어요!”라고, 대답하면 거기쯤에서 대화를 끊기도 하고 또는 계속 질문을 이어나가 “아이는 몇 살이에요?” 라고, 물어보면서 말꼬리를 이어나 간다. 그런데 나쁜 사람이 물어본 질문에 아직 결혼을 안 했다고 말하면, 전자의 경우와는 다른, 차가운 태도로 대하기 시작한다. 그리고 나쁜 사람에게서 연이어 터져 나오는 말들도 순전히 남을 비방하는 언어들로 주류를 이룬다. “아니, 여태껏 결혼도 안하고 뭐했어요?”, “아직까지, 총각이래!”, “아직 노처녀래!”, “애인은 있어요?”, “아직까지 애인도 없어요?”, “거기, 물건(남성의 생식기를 일컫는 말)이 작은가 봐…….”, “무슨 문제라도 있어요?”, “아이고… 앞으로, 고민이겠구먼…” 이런 식으로 굳이 안 해도 될, 쓸데없는 말로 애꿎은 신입사원에게 찬물을 끼얹어버린다.

이 외에도 나쁜 사람은 업무 중이든, 쉬는 시간이든 가리지 않고 결혼 안 한 신입사원에게 사사로운 질문들을 연이어 퍼부으면서 신입사원이 도저히 작업을 진행할 수 없는 상태로까지 빠지게 만들어버리기도 한다. “지금, 뭔 생각 해?”, “혹시, 애인 생각하는 거야?”, “○○씨는, 집에 가면 뭐 해?”, “○○씨는, 밤에 무엇 하며 지내는 거야?”, “○○씨, 어젯밤에 뭐했어?”, “집에서 혼자, 무슨 재미로 사세요?” 참으로, 마주 보고 있는 당사자, 가관스럽게 보지 않겠는가? 기가 막히다 못해, 주위에 반사거울이라도 있으면 그의 입에서 군소리 내뱉는 즉시, 팅겨나가라고 되돌려주고도 싶을 것이다. 아니 도대체 결혼이 무엇이길래, 이토록 아무 죄 없는 사람을 못살게 괴롭힌다는 말인가? 그렇다면 결혼을 한 사람은, 무슨 벼슬이라도 확보했단 말이던가? 나쁜 사람이 자꾸 귀찮게 괴롭히지 않으니 말이다. 그와 반대로, 결혼을 안 한 사람은 얼마나 큰 죄를 지었길래, 이다지도 귀찮게 간섭하면서 우롱하며 비웃는 것일까?

결혼을 한 사람은, 부양해야 할 가족이 있기에, 쉽게 회사를 그만두지 않을 것이라는 생각은 기본으로 알고 있다. 그러나 이러한 것들이 확실한 평균 통계치는 되지 못한다. 회사일이 힘들면, 각 개인 체질에 따라서 자포자기할 수도 있다. 암만, 안정된 결혼생활과 가족부양을 책임질 혼인한 근로자이더라도, 취직한 회사에서 그만두지 않고 오래도록 근무할 확률이 높다는 게 커다란 신빙성을 보장하지는 않는다. 같은 직장에 함께 모인 동료들끼리 잘 어울리면서 때에 따라서는 동료의 태클이나, 가시가 돋친 말에도, 참고 받아주어야 할 때가 있다. 끈질긴 인내심도 동반되어야 한다. 하지만, "나는, 이미 결혼한 몸이기 때문에 내 가족을 위해서 참아야만 해! 참아야만 해!"라고, 자신에게 긍정주문을 되뇌면서까지 지금의 고통(회사 업무)이 너무나도 괴로운데도 결혼한 모든 사람들이 이러한 상황들을 다 견디어낼 수 있을까? 결코, 그렇지는 못할 것이다. 안정된 결혼생활과 가족의 생계가 결혼한 근로자 본인에게 달려있다 해도, 그중에서 분명 탈락자는 나올 것이다. 필시, 혼인한 사람이라고 해서 이 회사에서 오래 일할 수 있다는 근거는 없으니, 혹시라도 판에 박힌 고정관념을 갖고 있다면 누그러뜨리는 것이 좋을 것이다.

마찬가지로, 결혼 안 한 신입사원이라고 해서 회사생활에 적응하지 못하고, 더군다나 책임질 가족이 없다고 해서 금방, 그만두지는 않는다. 자신들도 각자 다 나름대로 짜여진 인생계획표가 있을 것이라 본다. 자신은 아직 혼인을 하지 못했기에, 앞으로 결혼해서 살아간다면, 얼마의 재정이 필요할지를 유추하여 자신이 목표로 정한 기간까지는 자신의 역량을 동원시켜, 주어진 목표를 수행하려고 노력할 것이다. 하여, 결혼한 당신(나쁜 사람)은 도대체 얼마나 뛰어난 특별한 전술적 기술을 갖추었길래, 이리도 쓸데없는 망언을 쏟아 부어 공적인 업무에 열중하는 결혼안한 신입사원을 가만 놔두지 않는가? 그렇게도 사적인 질문들이 하고 싶으면, 자신의 친한 동료들과 마음 편히 하면 된다. 그래도 성에 차지 않는다면, 퇴근 후에 당신(나쁜 사람)의 집에서 마음 놓고 실컷, 떠들어대도 된다. 하지만, 회사는 여러 사원들이 모인 조직사회이므로, 사적인 질문을 여기에 침투시키면 균형도 깨질 뿐더러, 조화도 잘 되지 않는다. 더군다나 이제 갓 이 회사에 입사한 신입사원에게 이러한 사적인 질문을 하게 되면, 난색을 표하면서 물어보는 당신의 의도에 의구심도 가질 것이다. 아직, 이곳에서의 공적인 업무도 미처 다 파악하지 못했는데 이런 사사로운 질문까지 다 받아주어야 한다면, 직장생활 하는 내내 이런 나쁜 사람들에 부대끼어 참으로 피곤한 나날들로 하루하루가 지나갈 것이다.

또한, 나쁜 사람들은 나이, 결혼유무 이외에도 특정인에게 출생지를 물어보는 경우가 있다. 나이, 결혼유무 등은 회사생활 하면서 한 번은 들어볼 수 있는 질문들이지만, 출생지까지 물어보는 일은 드물다. 출생지를 물어봐서 업무와 연관 지어 자기(나쁜 사람)한테 이로운 권리로 이용하지 않고 바로 그 자리에서 알아내고 끝내면, 아무 문제가 되지 않는데 나쁜 사람은 신입사원에게 출생지를 물어보고, 만약 출생지가 자기의 고향과 비교적 가까운 거리에 위치해있다면, 나이의 많고 적음에 따라서 말을 편하게 놓는다. 여기까지는 그래도 이해할 수 있다지만, 신입사원과 어떠한 작업을 해나갈 때, 나쁜 사람이 하고 있는 일이 무척 바쁘거나 아니면 힘이 드는 일이 생기면, 나쁜 사람은 이러한 힘든 일을 신입사원에게 맡기고 자기는 그보다 손쉬운 일을 골라서 한다. 그리고 이러한 행위는 신입사원이 일 그만두는 날까지 지속된다. 그러니까 나쁜 사람은 여느 보통 사람들과는 달리, 출생지(고향)를 물어보는 의도가 다르다. 출생지를 물어봐서 만약, 자기와 같은 고향 사람이라면 자기는 그야말로 회사생활 다 한 거나 다름없다. 일반 사람들은 벌써 눈치를 챘을 것이다. 같은 고향 사람이니, 나이의 많고 적음에 따라서 힘든 일은 저 멀리 떨쳐버릴 수 있으니 말이다. 그리고 또한 고향은 틀리지만, 나쁜 사람의 고향과 비교적 거리가 멀리 떨어져 있지 않다면, 나쁜 사람은 이러한 부분들도 자기와 같은 고향 사람으로 인식하고 역시 근무 중에 힘든 일은 신입사원에게 교묘히 맡겨버리면서 자기는 손쉬운 일들만 하게 된다.

그러니까 나쁜 사람은 애초에 출생지를 궁금해서 물어보기보다는, 자기업무와 관련해서 자기일손을 최대한 덜어내기 위한 수작으로 물어본다는 것이다. 그러나 이제는 이러한 것들이 이전 글에서도 분명히 서술하였듯이, 업무와 관련된 질문들이 아니다보니 신입사원은 이런 질문들에 대해서 변론을 제기하거나 노코멘트 하여도 된다. 물론, 나쁜 사람이, 본인이 의도한대로 본인한테 이득이 되는 일이라거나, 상대방의 나이, 결혼유무, 출생지를 알아내서 깔보고 비웃는 비인간적인 행위만 하지 않는다면, 이 일을 크게 문제 삼지는 않을 테니 말이다. 이제는 나이, 결혼유무, 출생지 따위와 같은 개인 사생활에 대한 인적사항들이 고용노동부가 제시한 직장 내 괴롭힘 금지법에 해당된다고 하니 지나간 과거 회사생활 때, 이런 나쁜 사람들에게 여러 번 개인사생활 노출로 몸살을 심하게 겪었던 사람들에게는 듣던 중 반가운 희소식으로 다가올 법도 하다. 그렇다고 해서 이러한 괴롭힘 금지법안이 시행되었다 해도, 모든 업체들이 완벽히 인식하면서 규율대로 지키지는 않을 것이다. 그러니 본인들이 새로 입사한 회사 내 분위기를 잘 파악하여, 사적인 질문들의 맹공격에 자기노출하는 일이 없도록 세심하게 잘 다스려나가기 바란다.

제4장

평가 및 뒷담화

01
자기만의 욕구해소를 위한 뒷담화

　나쁜 사람은 직장생활을 하면서 자신의 친한 동료와 함께 짝을 이루어 해당 신입사원의 언행에 대해 못마땅해하면서 험담하거나 평가하는 일이 있다. 나쁜 사람은 해당 신입사원과 같이 일을 하다가, 그 동료의 일하는 방식, 서툰 모습, 무언가의 결점, 꼬투리 삼을 만한 것들을 끄집어내면서 해당 신입사원에 대해, 자신의 친한 동료들과 트집거리를 만들어 이러쿵저러쿵 이야기하고 소문을 퍼뜨려 해당 신입사원이 도저히 직장생활을 수행하기 곤란할 만큼, 씻을 수 없는 크나큰 상처를 안겨준다.

　가령, 나쁜 사람은 신입사원과 함께 일을 하다가, 신입사원에게 어떠한 업무지시를 내렸는데 신입사원이 수상한 행동을 보이며 무언가 말귀를 잘 못 알아듣는 표정을 지으면, 머릿속에 각인시켜 놓았다가, 쉬는 시간이나 점심시간 때 자신의 친한 동료에게 신입사원의 못마땅한 행동에 대해서 이야기한다. "아니, 그 신입사원 말이야, 어딘가 좀 이상한 데가 있는 것 같아! 내가, 어떤 일을 시켰는데 갑자기 놀란 토끼 눈을 하면서, 도무지 이해할 수 없는 제스처를 취하는데 암만 봐도 뭔가 엉뚱하다니깐! 그리고, 지난번에도 내가 어떠한 지시를 내렸는데 무언가 말도 엉성하게 하면서, 지시한 업무내용에 대해서도 주춤거리는데 말뜻도 이해를 잘 못하는 것 같고, 사람이 좀 어리바리한 것 같아!" 이런 식으로, 신입사원의 이상한 동작을 의심스런 눈초리로 바라보면서 흉을 본다. 나쁜 사람의 한번 쏟아져 나오는 입놀림은 어지간해서는 잘 끊어지지가 않는다. 그동안에 이 말을 그렇게도 하고 싶어서 학수고대라도 해왔듯이, 노골적인 장단에 맞춰 회포를 마음 놓고 풀어버린다. 또한 이 말을 들어주는, 나쁜 사람의 친한 동료 또한 찰기 좌르르르 흘러넘치는 끈끈한 사이 아니랄까봐, 어쩜 그렇게도 맞장구를 잘 치는지 모른다. 나쁜 사람은 마치, 이러한 뒷담화를 즐기기 위해서 태어났다는 듯이 쉬는 시간이나 점심시간이 짧을 정도로 한 번 물어버린 먹잇감은 절대로 내입에서 놓치는 일이 없다는 듯, 신입사원을 향한 맹목적인 뒷담화를 자기의 친한 동료에게 서슴없이 신랄하게 떠벌린다.

어쩌면, 이 말도 응당 틀린 말은 아닐 게다. 나쁜 사람과 그의 친한 동료가 업무 중에, 또는 쉬는 시간, 점심시간에 서로 주고받는 의사소통 방식을 자세히 들어보면, "아… 따분해! 오늘은 어떻게 이 지겨운 시간을 때울까?", "뭐, 좀… 재미나는 일 없을까?", "왜, 입이 근질근질해!", "아이… 심심해!", "야! 뭐, 새로운 뉴스거리 좀 없냐?", "야! 말도 마! 일할 사람은 없고, 신입사원은 코빼기도 안 보이는데……", "새로운 신입사원이 들어와 봐야, 하루 일하다가 나가고, 하루 일하다가 나가고, 계속 나가고, 또 계속 나가고……", "그러게 말이다! 도대체, 신입사원 얼굴 본 게 벌써 몇 개월째인지 모르겠네……" 대개가, 이런 식의 대화형태로 소통하다 보니 신입사원이 들어오면 본인들의 만족감을 신입사원에게서 얻어 보려고 하는 성향들도 배어있는 것 같다. 그렇다고 해서, 겨우 이러한 근거자료들로 이들이 뒷담화를 순전히 즐긴다고는 보지 않는다. 그러나 이런 주고받는 말 이외에도 이들에게서 뿜어져 나오는 말들을 자세히 들어보면, 일반사람들에게서 나오는 의사소통방식이라고 보기 어려울 만큼 직장생활에서 쓰기에는, 왠지 친숙하지 않은, 등급이 떨어지는 욕설, 비속어들로 저속적인 언어소통방식들이 주류를 이룬다. 남들이 얼른 듣기에도, 격이 떨어지는 교양 없는 사람이라는 것을 한눈에 보고 알아차릴 수 있다. 그러니, 이들이 신입사원의 배후에서 뒷담화하는 것도 재미삼아 심심풀이로 그저 즐기기 위한 목적으로, 뒷담화한다는 말도 틀린 말은 아닐 것이다.

02
상대방의 나이를 평가하는 나쁜 사람

나쁜 사람은 새로 들어온 신입사원의 신상에 대해서 함부로 평가하고 주위의 친한 동료들에게 삽시간에 소문을 퍼뜨려버림으로써, 신입사원으로 하여금 피할 수 없는 굴욕감과 오명을 씌워준다. 가령, 새로 들어온 신입사원이 얼굴생김새와는 달리, 나이가 적다라고 한다면, 쉬는 시간 때나 점심시간을 이용해 자신의 친한 동료들에게 신입사원의 개인 신상에 대해서 낱낱이 파헤치고, 공유하면서 평가하는데 이러한 평가가 나중에는 신입사원에게 엄청난 파장으로 돌아오게 된다.

"얘! 너, 그 말 들었어? 새로운 신입사원 ○○○씨라고 있잖아! 나이가 ○○살밖에 안 된대!", "어, 정말!", "어! 설마⋯⋯.", "얼굴로 보기에는 50살쯤 정도, 돼 보이던 것 같은데⋯⋯.", "나도 처음 봤을 때는 50살 정도쯤, 먹었을 것이라고 생각했는데, 이제 겨우 ○○살 밖에 안 먹었대!" "야⋯ 그것밖에 안 먹었어?" "이거 완전히, 나보다 한참 덜 먹었구만!", "그뿐만이 아니라, 아직 결혼도 안 했대!", "어, 정말! 아직까지 결혼도 안 했어? 이거 완전 총각이네! 아니, 생긴 건 멀쩡하게 생긴 것 같은데,

나는 결혼한 줄 알았지⋯⋯." 이런 식으로, 깔보고 비웃으면서 함부로 평가하는데 정말 보고 있는 당사자로서는 기가 꺾인다.

하지만, 이것보다도 더 심하게 신입사원을 당혹스럽게 하면서 모욕감을 주는 경우도 있다. 신입사원이 그 자리에서 빤히 쳐다보고 있는데도 이와 같은 언어들을 내뱉고, 그것도 상대방을 비웃고 깔보는 표정으로 평가한다는 것이다. 이와 같이 평가와 트집거리들은, 실제로 안당해본 사람들은 잘 모른다. 더군다나, 나 자신이 보이지 않는 곳에서 속닥속닥 뒷담화하는 것도 아니고, 이렇게 신입사원이 빤히 쳐다보고 있는 상황에서도 버젓이 "에계! 그것밖에⋯.", "그것밖에 안 먹었어요! 나보다, 더 적구만⋯."이라고, 순간 어이가 없다는 듯, 바로 그 자리에서 비웃는 표정으로 대하는데 그 현장에서 보고 있는 당사자로서는 말문이 막히고 치가 떨린다. 굴욕적인 장면은 여기에서만 그치지 않고, 나쁜 사람과 함께 어울려 다니는 그의 동료들한테도 역시 이러한 상황 못지않게 호된 모멸감을 당한다. 그것도 단지, 자기들보다 나이가 적다는 이유 하나로 말이다.

나이가 자기들(나쁜 사람들)보다 더 적으니, 애꿎은 신입사원은 남한테 질려버릴 정도로, 호된 놀림과 무례한 태도를 당해도 된단 뜻인가? 그러는 당신(나쁜 사람)은 나이 하나로, 남의 성격, 업무능력, 업무 실적 성취확률, 그 사람의 성품, 그 사람의 과거인생사, 그 사람과 관계된 주변인의 비밀스런 정보들까지 두루두루 다 알 수 있단 말이던가? 결단코, 그렇지는 못할 것이다. 나이 하나로, 그 사람과 관계된 이러한 것들을 판단하고 정의하는 건 잘못된 선입견이자, 사고력이 한참 부족한 사람의 볼멘소리에 불과할 것이다. 오직, 나이 하나로 사물의 기준을 정해서 평가하지 말라. 혹시라도 그렇게 된다면, 우리가 살아가는 경제활동뿐만이 아니라, 모든 인간이 살아가는 사회활동에서 최우선 순위는 나이가 주체가 되고, 으뜸 중에서도 으뜸으로, 어떤 일을 행할 때나 벌여나갈 때, 나이가 그 첫 번째로 언어전달 순위에서 화두로 떠오를 것이다. 면접 볼 때, "실례지만 나이가 몇 살이세요?"는 기본이거니와, 마트에 물건을 사러 들어갈 때나 계산하려 할 때도, "실례지만 나이가 몇 살이세요?"는 또 따라올 것이며 그 외 몸이 아파, 병원에 갈 때에도 나이 요구, 관공서에 가서 서류를 발급받으러 갈 때에도 역시 마찬가지로 그들에게서 나오는 선 질문은 어김없이 나이를 먼저 요청할 것이다.

무릇, 나이 하나로 그 사람 몸속의 세포 하나하나에 담겨 있는 종류와 기능, 그 세포 1개가 어떻게, 어떤 절차로, 무엇에서 기인했는지, 또 이 세포는 100번째 세포에게 어떠한 영향을 주는지, 이러한 근본원리도 캐내지 못할 뿐더러 우리 인간이 살아가는 수명의 최종 종료일까지도 어떠한 상태로 변해 가는지 예측하여 밝혀내지도 못할 것이다. 이렇듯, 나이 하나로 인간 몸속에 들어있는, 생명을 유지시키는 아주 작은 유기체의 활동영역, 진행방향, 앞으로의 종료시점도 훤히 다 꿰뚫어볼 수 없듯이, 나이 하나로 그 사람의 업무능력, 근무태도, 업무진척도, 과거의 이력, 기타 등등을 측정할 수 없는 것은 물론이니, 나이 하나로 상대방을 평가하는 건 결코 옳지 않다. 고작, 나이 하나로 그 사람 전체를 평가하는 건 구태의연한, 시대에 뒤떨어지는 역발상적인 원시적인 수준이다. 그리고 나이 하나로 신입사원이 그 직장에서 성공과 실패를 좌우할 만큼, 크나큰 황금보증수표라도 된단 말인가? 나이가 많으면 존경의 표시로 우대받고, 나이가 적으면 아주 굴욕적인 모진 수모를 이 사람, 저 사람한테 끌려 다니면서 당해도 된다는 말인가? 필시, 해당인이 비록 나이가 적을지언정, 그동안의 해묵은 세월의 흔적이 고스란히 비쳐진다면 단연코, 그렇게 대해서는 아니 될 것이다. 하기야, 그들(나쁜 사람)도 그런 것들을 구분해내어 판단하지 못하니까, 나이를 물어봤겠지만 말이다……. 그런다고 해도 당신들(나쁜 사람)보다 나이가 적다고 해도, 어디까지나 한 사람의 인격체로서 마땅히 존경받을 수 있는 나이라면, 기꺼이 존경의 자세로 예를 갖추어야 한다.

이처럼, 나이 하나로 상대방의 개인 신상을 들추어 보이면서 자신의 친한 동료에게까지 입소문을 내어, 말썽을 일으키고 나이의 많고 적음으로 신입사원을 어린애 부르듯 호명하거나 자기 옆집 동생 이름 부르듯이 비웃으면서 비하하는 행동은 자기 자신들의 인격을 좀먹는 행위이다. 물론, 나쁜 사람이 나이가 더 많다면 반말을 할 수도 있다. 그러나 신입사원이 비록 나이는 적으나 여러 사람들이 보기에도 얼굴생김새에서 우러나오는 눈빛이 중후하다면 가급적 존댓말을 해주는 게 낫다.

그리고 처음부터 말을 낮춰가면서 이야기하는 것도 조금은 안 어울린다. 어차피, 신입사원이 입사한 회사에서 오래 근무하면, 그때 가서 말을 낮추어도 된다. 신입사원이 업무를 충분히 익히고 난 뒤에도 말을 터놓을 수 있는 시간은 있으므로, 그때 가서 말을 터놓아도, 늦지는 않을 것이다. 그러므로 나이가 적더라도 직장에서 일하는 데에는 아무런 걸림돌도 없고, 당신들(나쁜 사람들)에게 굴욕적인 수모, 비웃음 당해야 된다는 직장의 근무규율 또한 정해져있지 않으니 남의 인격과 자존심을 깡그리 무너뜨리는 당신들(나쁜 사람들)의 비뚤어진 선입견은 결코, 용납될 수 없는 행위이므로 이런 식으로 남을 함부로 평가하는 당신들의 입막음부터 철저히 해야만 할 것이다.

03
그렇게 하지 말고, 이렇게 하시라구요!

　나쁜 사람은 직장생활을 하다가 신입사원이나 특정 동료사원과 같이 어떠한 작업을 하는 도중 개인마다 일하는 스타일이 달라, 트러블이 빚어지는 일이 생기기도 한다. 그냥 간단히 어느 한 사람의 업무방식을 따라가면 차근차근 업무진행도 잘 되어가고 혼선도 빚어지지 않을 텐데 그도 그럴 것이, 이런 것들 하나하나에도 그동안 본인이 해오던 습관들이 몸에 익숙하다 보니, 평상시나 직장 생활할 때에도 본인만이 길들여온 일처리 방식이 편할 수밖에 없다. 아니면, 어떠한 일을 하기 전, 방금 전에 작업한 일을 끝낸 후 본인만의 평소 습관대로 고유의 일하는 방식들이 나타나지 않고 방금 전에 끝난, 그 전의 일이 몹시 힘이 들어 잠시 동작을 바꾸거나 또는, 생각의 패턴을 전환시켜서 본의 아니게 상대방과 좋지 않은 갈등상황을 야기하기도 한다.

　오랫동안 묵은 본인만의 버릇을 단시간에, 그것도 갑작스럽게 지금 일하고 있는 이 시점에서 교정하기란 결코 쉽지 않다. 더군다나 본인은 또 그것을 잘못된 방법이라고 생각하지도 않을 것이다. 이미 오랫동안 몸에 익어버린 반복된 패턴이니 말이다. 그리고 어떻게 하든지 간에 모로 가도 서울만 가면 된답시고, 이상 없이 그에 따른 최종결과물이나 업무실적만 나오게 하면 그만이라고 생각하는 것이 저마다 갖고 있는 고유의 패턴일 것이다. 하물며, 업무수칙에 위반되는 사항도 아니라고 한다면 더더구나 자신들만의 방식에 일가견을 갖고 고집할 것 아닌가? 그런데 나쁜 사람은 신입사원이나 특정 동료와 같이 일을 하다가, 자기가 평소 해오던 업무스타일대로 잘 따라주지 않으면, 상대방의 업무스타일에 반기를 들고, 꼭 자기만의 행동방식으로 일처리를 해야 업무효율성이 더 크다고 하면서 자신의 주장을 쉽게 꺾지 않고 관철시키려고 한다.

물론, 나쁜 사람이 가르쳐주는 업무방식이 작업능률을 효과적으로 더 증대시켜줄 수도 있다. 하지만, 또 같이 일하고 있는 신입사원이나 특정동료가 이미 손에 익은 방식에서 나쁜 사람이 요구한 업무방식을 따라하는 것도 적잖이 힘이 들 수도 있다. 또 막상 처음에는 곧잘 따라한다 해도, 얼마간의 시간이 지난 뒤, 본인만의 평상시 방식으로 체인지될 수도 있다. 가령, 어느 한 물류기업에서 종사하는 A라는 과장과, B라는 대리가 있는데 A라는 과장은 평소에도 무언가를 조금 망설여하고, 일처리하는 데에도 유독 조심성이 많아 보여, 동료들에게 왠지 소심하다는 이미지를 풍겨주었지만 성품 하나만은 너그러웠던 반면에, B라는 대리는, 업무분석에 그다지 긴 시간을 할애하지 않고 요령껏 해나가는 스타일이지만 속된 언어구사로 인간성이 결여된 모습을 보여주었다. 어느 날, A라는 과장이 B대리에게 업무지시를 내려주었는데 각 상품들의 불량품선별을 조사하라는 내용이었다. 그런데 B라는 대리는, 그것보다는 각 상품들의 품목조사가 우선이라며, 그래야만 일처리가 더 수월하다면서 자신의 고집을 쉽사리 꺾지 않았다. 그리고 또 어느 날은 사무실에 있는 레이저복합기가 고장이 나서, A라는 과장이 B라는 대리에게 전자제품 수리센터에 연락해서 수리하라는 지시를 내렸다. 그러나 B라는 대리는 수리보다는 그 전에, 복합기 토너가루를 먼저 채워 넣어야 된다고 주장하였다. 수리기사가 와서, 복합기를 수리한다 해도 토너가루가 부족하니, 시험인쇄를 하지 못해 최종확인완료가 어렵다는 내용이었다. 또, 해당 업무자료를 출력하라는 A과장의 지시에도, 자료복사부터 미리 해두어야 한다는 B대리와의 의견불일치는 계속되었다.

이 일 외에도, A라는 과장과 B라는 대리는 무슨 일을 벌이기만 하면, 거의 사사건건 둘 사이의 이견을 좁히지 못하고 충돌하기 일쑤였다. 자꾸만 업무부조화로 서로의 의견이 엇갈린 데에 대해서 B라는 대리는 A라는 과장을 곱지 않은 시선으로 바라보고, 자기의 친동료와 함께 A과장의 업무처리능력에 불만을 품고, 이런 A과장의 행실을 뒷담화하면서 조롱하였다. 서로 맞장구치며 비웃으면서 말이다. 물론 B라는 대리의 내세운 주장이 그 당시의 상황에서 일리가 있을 수도 있다. 그러나 직장생활에서는 엄연히 상·하관계가 존재하고, 본인이 내세운 주장이 업무효율성을 증진시켜 주어도, 선임자의 지시사항을 간과할 수만은 없다.

그리고 불만이 남아있더라도 자기주변 동료와 함께 특정인을 상대로, "지가 잘났네!", "제까짓 게 뭔데!", "어디서 이상한 근무방식을 배워온 주제에······."라고, 당사자가 없는 자리에서 자신의 친한 동료와 둘이서 혹은 삼삼오오 짝을 이루면서 키득키득 웃고, 뒷담화하는 모습은 얼른 보기에도 좋지가 않다. 남에게 악의적인 험담을 가하는 내 입도 초라하기 짝이 없을 것이다. 바로 옆의 자신의 동료와 함께 특정인을 비방하면서 놀리던 말들이 언제 적으로 둔갑하여, 당신(나쁜 사람)의 목을 조를지 모른다. 뒷담화란 연습은 굳이 하지 않아도, 근무하는 데 있어 아무런 불편이 따라오지 않는다. 자기 자신에게 감점요인으로 작용했으면 했지, 자기 자신한테 득이 되는 건 아무것도 없다.

또 나쁜 사람은 직장생활을 하면서 신입사원과 같이 가전제품과 관련된 전자제품 부품조립을, 전동드라이버를 이용해 각각의 부위별 비어있는 구멍에 나사못을 집어넣고 조이는 작업을 하게 되었는데, 시간은 촉박한 마당에 신입사원이 부품 조립을 할 때, 일일이 전동드라이버에 나사못 1개씩을 끼워 구멍을 메우고, 또 그 작업이 다 끝나면 이전과 같이 일일이 손으로 나사못을 집어, 전동드라이버에 끼워 부품표면의 비어있는 구멍을 메우고, 또 연속적으로 그러한 반복행위를 하는 것이었다. 물론, 그렇게 작업해도 되지만 전자제품 부품조립을 해야 할 미완성품 수량이 너무나도 많기 때문에, 일일이 이런 식으로 작업하면 능률도 안 오르고 주어진 물량도 다 채우지 못한다고 나쁜 사람은 말해주었다. 그러니 그렇게 하기보다는 먼저 손으로 나사못을 한 움큼 쥐고, 전자제품 부품표면의 비어있는 각 구멍마다 나사못을 집어넣고 그 다음에 전동드라이버를 이용해서 조이면, 훨씬 더 시간도 단축되고 작업하는 데에도 더 편리하다고 일러주었다. 그렇게 해서 처음에는, 나쁜 사람이 지시하는 대로 그럭저럭 잘 흉내 내며 따라가는 듯

하였지만, 평상시의 본인이 본래 해오던 습관이 있는지라, 이러한 방식이 조금 일속도가 더디다고 판단되면 자기도 모르는 사이, 본래의 자기만의 편한 방식대로 일하는 방식을 바꿔버리게 된다. 당연히 이 모습을 지켜보는 나쁜 사람으로선, 자신의 지시대로 잘 따라주지 않은 신입사원이 마음에 들 리가 없다. "아니, 그렇게 하지 말고 이렇게 하시라구요!" 살벌한 표정과 함께 그 자리에서 바로 따귀를 한 대 쳐버릴 것 같은, 신변을 위협하는 호령소리에 신입사원은 바로 기가 죽어버린다. 그리고 이러한 신입사원에대한 감정의 불씨들은 고스란히 그대로 남아 있다가, 이내 뒷담화로 이어지게 된다. "야! 새로 들어온 신입사원 봤어! 오늘, 일하는 것 보니까, 더럽게 멍청하다니까! 아니, 일일이 손에 나사못 쥐고, 전동드라이버로 그 수많은 부품들을 다 조이려고 그러더라구!", "야! 야! 신경 꺼! 일할사람도 부족한 마당에, 멍청한 사람이라도 데려다 써야지!", "머리 멍청한 것은 평생을 간다고 그러잖아!" 이렇게 서로 간의 업무방식의 차이로 인한 갈등 때문에 두 사람의 사이는 심하게 뒤틀려져, 신입사원에게는 아주 오랫동안 씻을 수 없는 상처와 뒷담화의 표적의 대상이 되면서 쓰라린 한으로, 두고두고 남아 있게 된다.

또, 나쁜 사람은 자신과 같은 직장에 다니는 한 동료와 함께 종이박스 곁면에 라벨을 붙이는 작업을 하게 되었는데 여기에서도 나쁜 사람과 그의 동료는 업무방식의 불일치로 서로 충돌하는 일이 빚어졌다. 그의 옆 동료는 종이용지에 붙어있는 라벨을 한 장씩 떼어내서 종이박스 곁면에 붙이는 반면에, 나쁜 사람은 종이용지에 붙어있는 라벨을 다 떼어내지 않고 윗부분만 살짝 벗겨내고 종이박스 곁면에 붙이는데,

마치, 사람 피부에 파스 붙이는 방법으로 붙이는 것이었다. 그래서 그의 옆 동료는 그렇게 붙이기보단, 종이용지에서 라벨 한 장씩 떼어내서 붙이는 게 더 효과적일 것이라고 친절하게 이야기해 주었으나, 나쁜 사람은 이렇게 붙이는 게 더 낫다며 끝끝내 자기고집을 꺾지 않았다. 그러면서 못마땅한 표정으로 불만스럽게 투덜거리면서 오히려 친절하게 대하며 가르쳐주던 동료의 행위를 꼬투리삼아, 동료가 보이지 않는 곳에서 맹비난을 하고 소문을 퍼뜨렸다. 이러한 경우도 서로 간의 업무스타일의 차이에서 기인하여, 둘 사이의 관계가 쉽사리 좁혀지지 않는 양상들을 여실히 잘 보여주고 있다.

이 외에도 나쁜 사람은 신입사원과 함께 팔레트 위에 물건을 차곡차곡 쌓는 일을 하게 되었는데, 팔레트에 물건이 꽉 들어차면 랩으로 둘러싼 다음, 마지막 작업으로 랩으로 둘러싼 물건 한쪽 면에 각 지점명과 수량이 적힌 종이용지를, 테이프로 붙이면 작업은 완료되는 것이었다. 일단, 먼저 해야 할 작업은 물건이 가득 들어차있는 팔레트를 좌우로 물건이 떨어지지 않게끔 랩으로 물건들이 움직이지 않게 잘 감싸주어야 한다. 그리고 팔레트 맨 밑바닥에서부터 감싸면서 서서히 위로 올라와, 양팔을 쭉 뻗어서 맨 꼭대기까지 감싸주어야 한다. 그런데, 신입사원은 보통 평범한 사람들과는 달리, 밑에서부터 랩을 감싸 올라오는 게 아닌, 팔레트에 쌓인 물건 중심부분에서부터 감기 시작해 서서히 밑으로 감아갔다. 그 모습을 바로 앞에서 지켜본 나쁜 사람은 신입사원에게 그렇게 감지 말고 밑에서부터 감아달라고 요구하였다. 그러자, 신입사원은 중간에서부터 감았다가 밑 부분도 다 감겠다고 말하였다. 그런데, 갑자기 나쁜 사람이 화를 내면서, "아 이… 밑에서부터 감으시라고요! 이게 뭐예요! 밑에는 랩이 하나도 안 감겨 있잖아요! 무슨, 작업을 하다 만 것도 아니고, 거지같이 너덜너덜하면서… 이게 뭐예요! 아 이… 신경질 나…"라고, 대하는데 이와 같은 경우는, 업무방식의 차이라기보다는 신입사원이 방금 전 끝난 일이 힘이 들어, 또 연이어 허리와 무릎을 구부리게 되면 더 힘들기 때문에 잠시나마, 동작을 바꿔 나갔을 것이다. 그러나 이렇게 가쁜 숨을 몰아쉬고 있는 신입사원의 고달픈 속사정에도 불구하고, 나쁜 사람은 이 일을 여기에서 그만두기에는 무언가가 아쉽다고 느껴져, 신입사원이 없는 자리에서 신입사원의 업무태도에 대해 자기의 동료들과 아낌없는 비난을 쏟아내면서 신입사원에게 더할 수 없는 굴욕감을 안겨준다.

이와 같이 나쁜 사람들은 어느 특정 동료에 대한 비하인드 스토리를 아주 흥미롭게, 해당 신입사원이나 특정 동료사원의 품위손상에 악센트를 주고, 구구절절 떠벌리기를 무슨 자기들(나쁜 사람들) 취미활동 하는 것보다, 어쩜 그렇게도 흥미진진하게 구사하는지 그 요망스러운 행동, 썩어빠진 환경에서 아주 볼 만하다. 그도 그럴 것이 무언가가 바뀌려고 노력하는 사람이라면, 이제는 이미 지나간 일이기 때문에 "다음에는 이렇게 하시면 보다 나을 거예요!", "그것보다는 이렇게 하시면 될 거예요!"라고, 용기와 희망을 북돋아주는 사람이 그나마, 변화의 기미가 보이고 같은 직장에서 일하는 사람으로서도 마땅히 취해야 할 구실이 아니겠는가? 이처럼, 서로 간의 사소한 업무방식 차이로 인해 발생하게 되는 업무갈등은 자신들의 근속생활도 불안하게 하고, 근무태도 또한 좋지 않아, 주변의 동료직원들이 보기에도 첨예하게 대립하는 문제직원들로 낙인찍힐 것이다. 필시, 각자만의 장·단점이 존재하듯,

두 사람 사이에서도 장점, 단점이 오고가고 또 교차될 수도 있다. 그래도 상대의 업무방식에 불만을 품고 그 동료가 없는 자리에서 뒷담화하는 부끄러운 모습은 직장 내 공포스러운 분위기만 조성하고, 여타 다른 동료들에게도 그 일에 동조하게 하는 심리를 제공해 주기도 한다. 이제부터는 부디, 서로가 업무부조화로 인하여 한사람이 받게 될 스트레스 수치 증가, 더불어 직장 내 직무만족도도 덩달아 수직 하락하는 참극, 이제는 이쯤에서 더 이상 부채질하지 않도록 화해와 평등, 각 개인만의 그러하다고 인정되는 고유의 습관에도 귀 기울여 화합하는 자세가 필요하지 않을까 싶다.

04
심리폭력을 사용하는 나쁜 사람

　나쁜 사람은 특정인을 지목하여 그의 허물이나 그가 가지고 있는 신체적인 결함, 그의 약점들을 하나에서 열까지 일일이 캐내어 맹렬히 비난하고 우롱하는데, 당사자가 도저히 직장생활을 수행해내기 어렵도록 아주 심각한 피해를 안겨준다. 그중에서도 피해자가 도저히 그 비참한 현장 속에서 빠져나올 수 없도록 의지를 꺾어버리는 게 있는데, 그것이 바로 심리폭력이다. 심리폭력이란, 조용히 해당 피해자에게 문득 찾아왔다가 뜻도, 이유도 없이 해당 피해자가 엄청난 상실감을 맛보게 하고, 떠나갈 때는 또 조용하게 상당한 후폭풍을 입혀 해당 피해자를 녹아웃 시켜버린다. 5대 폭력(신체적 폭력, 언어폭력, 심리폭력, 사회적 폭력, 사이버폭력) 중에 포함되어 있는 폭력으로 당사자로서는 상당한 위협을 느끼게 되는 폭력이다. 도저히 그 끝을 종잡을 수 없는 은밀한 실루엣마냥, 그것(심리폭력)이 갖고 있는 특유의 난해함 때문에 일반인으로서도 해석하기가 곤란하고 막상, 나쁜 사람과 대면했을 시 해당인에 대한 악담이 어디까지가 진실이고, 어디까지가 거짓인지 분별해내려고 하는 것도 나쁜 사람이 무마해버림으로써 마무리

시켜버리니, 그 속내를 파헤치기가 어지간히 곤란할 따름이다.

이 심리폭력을 당한 자로서는, 그 배신감의 한도를 어디까지 잡아야 하는지도 측정하기 어렵고 지울 수 없는 이 배신감을 누구에게 하소연 해 보려는 것도, 태연하게 대처하는 나쁜 사람의 무색한 반응에 연거 푸 한숨만 나올 뿐이다. 누가 이들(나쁜 사람)을 소리 없는 사냥꾼으로 만들었는가? 누가 이들을 악성루머나 퍼뜨리는 괴담꾼으로 만들었는 가? 그것도 그 현장 속에 당사자가 뻔히 보고 듣고 있는 와중에서도 스 스럼없이 경망스러운 자태를 여과 없이 보여주고, 남을 교란의 함정에 빠뜨리고 자신(나쁜 사람)이 불리하다고 여기면 바로, 그 순간 묵살해 버리는 철천지원수 같은 고약한 심보는 누가 그렇게 하라고 가르치던 가? 위에서, 상부조직기관에서 명령하달이라도 내렸단 말인가? 아니 면, 다니고 있는 직장 내 바로 위 상급자가 내린 특별지시사항이라도 된단 말인가? 그도 아니라면 "너! 심리폭력 써!", "너! 심리폭력, 남한테 사용해!"라고 하는, 부모의 명령이라도 천부당만부당 단연, 부당할 것 이다. 결코, 이러한 것들이 해당되는 요소가 아니라면 심리폭력은 우 리사회에 필히 무가치하다고 볼 수 있다.

그러면 이 심리폭력을 실제 제공한 주범은 누구인가? 누구이길래, 지금도 알게 모르게 심리폭력의 피해자로, 고통의 몸부림에 처참한 직 장생활을 이어가고 있는 한 맺힌 이들이 이렇게도 원통의 곡소리를 내 게 하는 것인가? 혹시, 나쁜 사람과 같이 한 직장에서 근무하고 있는 친분 있는 동료들의 소행인가? 나쁜 사람과 가깝게 붙어 다니는 절친 한 동료가 최초 발원점인가? 그도 그럴 것이, 그럴 만 하다고 봐도 틀리진 않은 것 같다. 나쁜 사람과 항시 어울리다 보니 남 보기에도 행실이 바르지 못하고 특유의 엇박자가 자연스럽게 흘러나오는 쌍소리만 들어보아도 어림짐작으로 가늠해볼 수도 있지 않을까 한다. 그도 아니면, 유소년 시절에 자기 자신보다 힘 있는 친구들에게 심하게 짓눌리어 업신여김을 당한 몹시 불쾌스러운 콤플렉스가 남아 뒤늦게라도 이것을 해소하고 싶어선지, 아니면 불합리한 조건으로 기인한 일로 말미암아, 오랫동안 쌓여진 앙금이 서서히 적당한 때가 오기만을 기다리다가, 가슴에 한이 맺히도록 남아있는 원망의 찌꺼기들을 속 시원히 풀어버릴 대상이 마땅히 보이지 않았다거나, 아니면 자신이 갖고 있는 힘이나 한정된 역량으로 표적대상을 압도하기에는 다소 모자람을 느꼈기에, 말의 문맥을 애매모호하게 농담 섞인 아부로써 심리폭력이라는 핵잠수함을 수면으로 드러내지 않고 상당히 오랜 시간 불문율처럼 사용해오고, 숨은 그림 찾기식으로 심리폭력이라는 비굴한 행위로 은신하며 지금까지 이어지게 해왔을 것이다.

그렇다면 이들(나쁜 사람)에게 있어서 심리폭력을 남에게 사용함으로써 얻어지는 효과란 과연 어떠한 묘미를 가져다주는 것이기에, 자신들의 기분을 한껏 만끽하며 쉽게 접으려고 하지 않고 꼬리에 꼬리를 문 채, 오두방정으로 행해지고 있는 것인가? 혹시라도, 운동경기에서 극적인 대역전극을 펼쳐내듯이 반전된 쾌감을 불러일으키어 주는가? 아니면 거액의 행운이라도 얻어 보려고 그러한 행위를 하는 것인가? 그것도 아니라면, 심리폭력을 남한테 사용함으로써 뇌세포가 신선한 자극을 받아, 행복호르몬 분비라도 촉진시켜주기라도 한단 말인가? 이러한 것들은 결코 인정될 수 없는 실로 부당하기 짝이 없는 근거들을 제시해주는 말이다. 심리폭력을 당한 자는 마음의 상처를 받아, 그 상처가 쉽게 사라지지 않아 심리폭력을 행사한 자에 대한 증오가 가슴깊이 남아있을 것이다. 다시 말해, 심리폭력을 남에게 사용함으로써 얻어지는 효과란, 남의 심리를 기만한 어리석음으로 인해 사회적으로 승인될 수 없는 심리적학대의 불씨만 점점 더 키워주는 무모함으로 오히려, 역효과만 더 불거질 것이다. 이 심리폭력이라는 것은, 한마디로 남을 교묘하게 속여가면서 은밀하게 간접적으로 남을 괴롭히는 행위이다. 쉽게 말해, 스포츠경기에서 심판 모르게 하는 반칙행위이다. 자신의 영악한 잔재주는, 남이 보기에도 쉽사리 들통나지 않을 것이라고 생각하면서 추잡하고 비열한 짓을 볼 테면 봐라하는 식으로, 서슴없이 보여준다는 것이다. 신체에 충격을 가해, 남의 몸에 상처가 나게 하고, 몸의 특정부위에 극심한 손상을 입히는 신체폭력에 비해서는 왠지 덜 고통스러울 것 같지만 심리폭력이라는 거대한 후폭풍이 남기고 간 여파는 실로, 어마어마하다.

일반 직장생활에서 평소 부정적인 이미지를 갖고 있는 나쁜 사람은, 같은 회사에서 오랜 시간 함께 일하며 지내왔던 안면 있는 동료에게 다가가, 여느 때와 마찬가지로 심심풀이삼아 크게 한바탕 골탕 먹일 속셈으로 상대 동료를 바로 눈앞에 세워두고 거침없이 조롱하는 행위를 마구 쏟아내기 시작한다. "○○아! 너는 어쩜 그리 누가 일을 시키지 않아도, 알아서 척척 꼭, 제멋대로 하는지 모르겠어! 그리고 어제 점심시간에 밖에 나가서 밥 먹으러 갈 때 식당 입구까지 차타고 들어와서 뒤로 후진하려고 하는 찰나, 뒤에서 차량 지나간다고 큰소리로 얘기해줘서 정말 고마워! 그런데, 그것보다는 차라리 그 얘기를 안 해줬으면 우리로서는 정말 더 좋았을 텐데 말이야…. 교통사고 나서, 우리 회사 일 안 해도 되니, 얼마나 편하고 좋아!" 라는 식으로, 조롱하는데 언뜻, 상대방이 들어보면 이 말이 칭찬인지, 조롱하는 말인지 헷갈릴 수도 있다. 피해 당사자가, 이렇게 넋 놓고 뻔히 보란 듯이 당하기 때문에 여기서 받는 타격이란 결코 무시할 수 없다는 말이다. 그리고 피해 당사자가 "그 말, 욕이야? 칭찬이야?", "내 말은 그런 뜻이 아니잖아!" 라고 항변하여도, 이들(나쁜 사람)은 오랫동안 피해 당사자와 같은 회사에서 근무를 해왔기에 피해 당사자의 행동, 성격, 눈에 익은 습관들을 하나하나 꿰뚫고 있기에, 피해자가 암만 저항의 표시를 한다고 해도 나쁜 사람은 이것을 미봉책으로 여기고 무산시켜버린다.

이들(나쁜 사람)은 이미 하나에서부터 열까지 피해자의 결단력 부족, 일처리하는 모습, 어눌한 말투 등을 지렛대삼아 사전에 모의연습을 하듯, 피해자의 상투적인 행동방식들을 머릿속에 각인시키고 있으므로 피해자의 제기된 의사표시가 효과 없다는 것을 알고 있다. 그러면 그럴수록, 피해자는 자기 자신이 무능하고 직장생활을 해나가는데 기술이 부족한 사람이라고 자기 자신을 의심하게 된다. 다른 동료들은 저마다, 주제넘게 행동하고 바르게 보일 것이 하나도 없는 천한 의사소통을 주고받는데, 피해 당사자는 나쁜 사람들보다 결코 뒤떨어지지 않을 것이란 일말의 가능성은 간직하고 있으면서도 또, 한편으론 저들(나쁜 사람)과 나(피해 당사자)는, 어차피 처음부터 잘 어울릴 수 없었던 이질감 때문인지도 모른다고 생각하면서 편차를 두고, 괴리감을 느끼기도 한다. 그렇게 생각하기 때문에 피해 당사자는 이러한 인간관계에서 벗어나기 위해서 나쁜 사람의 피상적인 모습들을 관찰하고, 그들과 유사하게 흉내 내 보기도 하지만, 그들(나쁜 사람)의 진실이 우러나오는 실속과는, 개인 간의 성격 자체가 판이하게 달라 오히려, 웃음만 사게 되고 급기야 남들의 노리개로까지 전락하여 이 사람, 저 사람에게 늘 이용당하는 불쌍한 직장생활만 계속 하게 된다. 나쁜 사람의 피상적인 면만을, 연구하고 따라한다고 해서 그들과 친화적으로 잘 어울리기야 하겠는가?

더군다나 나쁜 사람들이 하고 다니는 몹시 불량스러운 언행들만 보아와도, 그 이하면 이하이지, 수준이 보통 이상으로 올라가지는 않는다. 그들(나쁜 사람)과 어울리는 것 또한 지금의 이러한 본인(피해 당사자)의 현 상태로는, 그들로부터 비웃음만 살 뿐이지, 화목하게 어울리는 것은 어려워 보인다. 그리고 그들과 어울려 다니는 것도 근묵자흑이라고 피해 당사자에게는 이득이 되는 것이 결코 없다고 본다. 그들 자신(나쁜 사람)이 스스로, 저지른 언행들을 깊이 반성하고 참회의 눈물을 흘리면서 응징받기를 갈구한다면, 한번 참작은 해보겠지만 말이다. 이처럼 나쁜 사람이 사용하는 심리폭력에는, 남을 은근히 교란시키는 부도덕한 밉상의 말들이 들어있다.

그들이 함부로 남의 자존심을 무참히 들쑤셔놓는 심리폭력의 주 내용들을 잘 살펴보면 처음 앞의 말과, 뒤의 끝말이 서로 조화되지 않는 모순적인 측면을 잘 엿볼 수 있다. "너, 진짜 거지같아! 아 이… 농담이야!", "○○○선생님은, 전화통화는 잘하면서 왜 그렇게 다른 사람 말귀는 못 알아들으세요?", "○○○선생님은, 제가 어떠한 지시를 내리면 어쩜 그렇게도 굼벵이 흉내를 기가 막히게 잘 내세요?", "○○○선생님만 보면, 내가 그동안 이곳에 몸담았던 기대치, 목표의식, 하고자 했던 보람된 성취감 등을 도로 다시 반납해야 될 것 같은 이 기분은 도대체 무얼 의미하지요?", "○○○선생님! 지금 그렇게 행복한 미소, 보여주시는 얼굴, 너무 보기 좋아요! 그런데, 어떻게 된 게 그 전날 가르쳐주고, 오늘 와서 물어보면 ○○○선생님은 리셋이 돼버려요!", "○○○선생님같이 업무를 책임감 없이 한 경우는, 전 직원이 다 같이 회동해서 무언가 의논을 내놓아야 할 것 같아요!", "지금, 저한테 그러시는 거예요?", "에고… 설마, 제가 예의 없이 ○○○선생님한테 그랬겠어요?", "방금, 제 이름까지 호명해서 저한테 야단 치셨잖아요! 제 두 눈으로, 똑똑히 보고, 제 두 귀로 자세하게 들었는데요!", "예, 물론, 자세하게 들으셨겠지요! 그런데 그 말인즉슨, 어젯밤 꿈속에서 제가 잠을 자는데, 그 소리가 저한테 그렇게 들리더라고요! 그래서 꿈을 깬 저도, 무슨 세상에 별에 별 꿈도 다 있네…. 하면서, 너무 신기해서 오늘아침에 ○○○선생님한테도 막 얘기해주고 싶었어요!", "너는 참 멍청해! 너 같은 사람한테는 월급을 안 줘야 하는데 말이야…… 답답해서 누가 너 같은 사람하고 같이 일하겠냐! 이 바보 멍청아! 차라리, 너한테 줄 월급 가지고, 우리끼리 식당 가서 얼큰한 감자탕에다가 소주 한잔 마시는 게 낫지…… 너 같은 사람은 우리 회사 화장실에서 그동안 대소변 눈 것도 배설물 비용, 따로 다 받아야 된다니까!", "너희들, 지금 그 말, 나한테 하는 소리야?", "아이… 참… 성격도 급하시기는…… 이 말은, 내가 한 말이 아니고, 어떤 사람이 너한테 전해주라고 그러면서 나보고 이렇게 하라고 그랬던 거야!", "그럼, 그 사람이 누군데?", "아… 나도 그 사람을 붙잡아서 따지려고 그랬었거든! 그런데, 얼마나 달리기를 잘하던지, 벌써 한 50m나 재빨리 도망쳐버리는 거야! 아… 정말로,

나쁜 사람이지… 아무 죄 없는 회사동료를 싸잡아 비난하라고 시키니 말이야……. 그것도, 생전 처음 보는 사람이 어떻게 네 이름을 알고 있었는지도 신기하고 말이야……. 에이, 에이, 이제 그만, 다 잊어버려! 이미 다 지나가버린 일인데 뭘, 그깟 일, 다시 꺼내봐야 너만 기분 안 좋을 것 아냐!"

　이런 식으로, 간접적인 매개수단을 이용하여 자신들이 행했던 악랄한 수법의 심리폭력을, 피해자에게는 속임수로 위장하여 직접적으로 없는 말, 있는 말 가리지 않고 마구 쏟아낸다. 들려주는 언어 자체가 논리적인 구조로 이어진다고 보기에는 한눈에 봐도 모순점이 있다. 이런 언어형태는 마치 귀에 걸면 귀걸이, 코에 걸면 코걸이와도 언뜻 유사한 개념으로, 앞의 말과 연결해서 어떠한 글귀를 끼워 넣어도 최초 조정자가 의도하는 대로 언어전달이 자연스럽게 이루어지듯이, 일정한 원칙이란 애초에 존재하지도 않은, 나쁜 사람이 둘러대기에 따라서 앞에서 터져 나왔던 부정적인 상소리들을 뒷말에서 단숨에 위장해서 역전시켜버린다. 정말로, 티끌만큼의 인정도 남겨주지 않은 채, 동료의 직장생활에 단 한마디의 진정성이 엿보이는 말이 아주 먼 나라 이야기처럼 들리듯, 한 사람의 인생을 무참히도 황폐화 시켜버린다.

　그러고도, 이들(나쁜 사람)이 심리폭력으로 얻어가는 이익은 도대체 무엇이길래, 아무런 실익도 없는 것을 자기들만의 그릇된 언어짜깁기 전략으로 한 사람의 인생이 피말라가는 모습을 꼭 보아야만 했었는가? 조금이라도 양심의 가책을 느끼는 사람이라면, 필시 이렇게까지 동료의 자존심을 깔아뭉개면서까지 학대를 고집하지는 않았을 것이다. 이러한 일이 증폭되어, 순식간에 걷잡을 수 없는 난국으로 확산되면 자신의 직장생활에도 영향이 있을 테니 말이다. 하여, 아직도 사회조직 곳곳에서는 이러한 심리폭력의 공포감에 사로잡혀, 하루하루를 신음소리로 보내고 있는 피해근로자들을, 교활하게 괴롭히는 나쁜 사람들이 있을 것으로 본다.

진정, 당신들(나쁜 사람들)에게는 어떠한 보상체계를 주어야 응징이 되겠는가? 근시안적 태도로 현실에 안주하고 있으면, 다가올 미래와 견주어 봐도 전혀 꿀리지 않고 어째 좀 폼이 나 보이던가? 그렇게 어리석게, 피해 당사자를 괴롭혀도 저들(피해 당사자)이 언제까지나 당하리라고 생각하는가? 단언컨대 결코 아닐 것이다. 나쁜 사람에게 꼭두각시처럼 매사에 끌려 다니는 삶, 이들도 더 이상 원치 않을 것이다. 자기 자신에 플러스점수를 부여받고 보란 듯이 나아갈 날이 있을 것이다. 이제는 이러한 피해자들이 자기 자신이, 놀림 받는 것에 대해서 직접적으로 본인의 의사를 확실히 표현해, 기분이 나쁘다는 감정을 밝히고 이런 말을 나한테 하는 게 싫으니, 하지 말라고 분명히 요구해야만 할 것이다. 단호하게 말하라. 상대방도 움찔한다. 그냥 스쳐지나가는 향기로운 말투는 이들에겐 그냥 코웃음 치는 소리로밖에 들리지 않을 것이다. 조금만 더 내가, 내 자부심을 믿고 저력을 발휘하는 기세등등한 모습이 더 효과적이지 않을까? 결코, 그들에게 무법천지 안식처를 주어선 아니 될 것이다.

05
사촌이 땅을 사면 배가 아프다

　직장생활을 하다 자기 자신보다 뛰어난 실력을 갖추고 있으면서 유독 잘나가는 동료를 보면 은근히 열등감을 느끼면서 초라한 본인의 신세를 탓하기도 하지만, 어차피 자신은 아무리 노력해봐야 잘나가는 동료처럼 현란한 실력을 발휘하지 못해 뒤쳐져있다고 생각되면, 애꿎은 상대 동료를 원망하게 된다. 즉, 남이 잘되는 것을 부러운 눈빛으로 바라보며 그와 같은 습관들을 따라하려고 노력하는 게 아니라, 그를 보고 있자니 하는 일도 제대로 손에 잡히지 않아, 근무하는 내내 미워한다는 뜻이다. 그래서 나쁜 사람들은 동료가 잘 나가다가, 어느 순간 갑자기 실수를 하게 되는 날이 오면 마치 이때가 오기만을 기다리기 원했던 것처럼, 자기 자신의 일이 잘되어서 기분이 좋은 것보다 남이 잘못해서 기분이 좋다고 하는 것을 몇 곱절이나 더 크게 느끼기도 한다. 그리고 이것을 자기 자신의 만족으로 끝내기에는 더없이 서운함을 느껴, 주변의 동료들에게도 속닥속닥 수다를 떨기 시작하는데 이때에는 평소에 자기가 습관처럼 쓰다시피 한 과장된 표현도 함께 투입시키며 본인의 궁색에 맞게 리듬감을 타면서 이야기한다. 그냥 자기(나쁜 사람) 혼자로 만족하기에는 너무나 아깝고, 또 언제 이렇게 좋은 기회가 돌아올지도 알 수 없으므로 이런 가뭄의 단비 같은, 잘나가는 동료의 실수거리들을 주위 사람들에게 누군가에게 털어놓아야 직성이 풀린다.

게다가 나쁜 사람은 잘나가는 동료의 부각되는 장점들 중에서도 그중에, 한 측면을 타깃으로 삼아 스스로 경쟁심리를 유발시키기도 한다. 특히 이것만은 내가 상대 동료에게만큼은 절대로 뒤질 게 없다며 지나칠 정도로 집착하고, 본래의 원칙과는 조금은 상이한 변칙기술을 쓰면서까지, 이 한 가지만은 결코 동료에게 특권을 누리게 해줄 수 없다며 필승의 태세를 갖고 기어이 사수하려 한다. 가령, 모든 직원들의 부러움을 한 몸에 받고 있는 잘나가는 직장동료가 어느 날 외근으로 밖에서 나쁜 사람과 우연히 마주쳤는데, 잘나가는 직장동료가 급한 일이 있어, 지금 메모를 해야 하는데 깜빡하고 볼펜을 안 가져왔다며 나쁜 사람에게 잠시만 빌리자고 요청을 하는 것이다. 그런 상황에서 만약, 다른 사람 같았으면 자신이 볼펜을 소지하고 있다면 까짓 거 써봐야 볼펜의 잉크양이 크게 닳아지거나 그런 일로 자신이 불합리하게 손해 보는 일은 생기지 않는다고 판단해, 스스럼없이 건네주었을 것이다. 허나, 나쁜 사람 같은 경우는 그 동안의 잘나가는 직장동료가 주위 사람들에게 관심받고 호감받는 것을 지독히도 시기하고 질투하고 있는 터에, 그것도 잘나가는 동료의 특출난 어느 한 부분만은 결코 질 수 없다는 각오로 극에 달해있는 상태에서 이처럼 필기도구를 빌려 쓰려고 하는 행위를 철저히 거절할 것이다. 그러면서, 잘나가는 상대 동료에게 따끔한 일침도 마다하지 않고 한데 뭉치도록 곁들여준다.

"아니, 만약 내가 이 볼펜을 당신한테 빌려줘서 그 볼펜으로 적은 메모 덕분에 다른 직원들로부터 또 칭찬받고, 유명해져서 이 다음에 과장도 되고, 차장도 되고 거기에 부장까지 순탄하게 상승무드를 탈 수도 있잖아! 그러면 그때 당신은 신분이 높은 사람이 되고, 나는 당신의 부하직원으로 머물러있다면 보기 좋겠어? 그러니, 이 볼펜은 절대로 당신한테 빌려줄 수 없어!"

라고, 단호하게 말한다.

아무리 요즘이 경쟁사회로 치닫고 있는 형국이라도, 이렇게 조잡한 행위를 하면서까지 맹위를 떨치고 싶을까? 이렇게 대하다 보니, 나쁜 사람들은 남이 일이 잘 풀리고 행복해질 때, 칭찬해주는 것이 아니라 남이 행복해하는 모습이 오히려 자기에게 크나큰 불행으로 닥쳐와, 현재의 자기가 맡은 자리도 불안하고 급기야, 자기에게 커다란 위협의 대상이 된다는 심리현상도 가지고 있는 것 같다. 그러나 잘나가는 직장동료가 아무리 빛나 보이고, 존경의 대상이 된다고 하여도 나쁜 사람에게는 그다지 큰 피해가 가지 않는다. 더구나 자신에게 이익이 되지 않는다고 해도 결코, 손해 보는 일은 없다는 뜻이다. 어차피 같은 조직 내에서, 똑같은 회사에서 서로 어울려 근무하는 직장생활에서 하나의 구성원으로서, 직장동료가 좋은 일이 많이 생겨 배가 부르면, 같은 동료로서 칭찬해주고 기뻐해주는 행동이 도리에 맞듯이, 배가 아픈 모습을 보여주어선 아니 될 것이다. 그러한 인간관계로 지금까지 잘 버티어왔고 또 나와 같은 직장에 다니면서 내가 일하고 있는 회사에, 그렇게 뛰어난 활약으로 업무성과를 이루어내면서 직원들의 사기를 끌어올려주고 더불어, 회사마저 위기에 휩쓸리지 않고 번영한다면 만족할 일 아니겠는가?

또 나쁜 사람은 잘나가는 동료가, 좋은 사람을 만나 결혼을 한다거나 승진으로 더 높은 자리까지 진출하게 되면 그를 향한 증오심은 더 늘어나게 된다. 자기 자신도 아직 성공문턱에 진입하지 못해 갈피를 못 잡고 있는 중에, 상대 동료가 좋은 사람을 만나 알콩달콩 다정한 사이가 되고, 신분 또한 남들이 우러러볼 수 있는 지위로 올라서게 되면 나쁜 사람은 현업에 만족하고 앞으로도 계속 이곳에서 근무해야 할지, 아니면 이런 모습이 보기 싫어 받아들이지 않고 다른 대책을 세워야 할지, 본인만의 난감한 입장에 서서, 의구심을 갖기도 하고 자신의 앞날조차도 불투명한 이미지로 투영시킨다. 그리고 이러한 불규칙적인 사회구조는 오로지 잘나가는 동료 위주의 역량대로 전개된다는 역발상적인 착오로, 괜한 사회구조를 지목해 시비를 걸기도 한다. 보편적으로 생각해보아도, 잘나가는 상대 동료와 지금 현재의 나 자신을 서로 견주어보아, 자기 자신이 능률적인 면에서 그 우수성을 인정받지 못하고 최고점수에 도달하는 것이 버겁기만 하다면, "그래, 나는 이 정도가 나의 한계점이라고 봐도 되겠구나!"라고, 자신에 대한 현안평가를 산출해내어, 잘나가는 상대 동료와 어느 부분에서도 일치되지 못하고, 또 본인이 평소 쌓아두었던 실적과도 유사한 차이점을 발견하지 못해 필시, 자기와 동일하게 얽힐 수 있는 근거가 부족하다면, 잘나가는 상대 동료를 불건전한 입놀림으로 자극하지 말고 명맥이라도 인정해 주어야 할 것이다.

그런데 어느 한 부분에서 잘나가는 상대 동료와 얼추 비교해보아, 자기 자신(나쁜 사람)이 자랑할 만한 요소가 끼어있다고 생각하면 거기에 더 애착을 갖고 보란 듯이, 자기 자신도 잘나가는 동료 못지않게 더

연구하고 노력하여, 빛나는 성적으로 명예로운 합류대열에 올라서면 된다. 물론, 본인 스스로의 도전의 힘으로, 일군 성과이기에 그 노력의 보상가치, 충분히 누린다고 그 누가 불평불만이야 하겠는가? 그러나, 나쁜 사람은 잘나가는 상대 동료가 이렇게 좋은 일이 거듭해서 들어와, 여러 동료들로부터 부러움과 인기를 독차지하게 되면 그만큼 내가 할 역할은 줄어들어, 마땅히 내가 서 있을 입지도 좁아진다고 생각한다. 그래서 어떻게 해서든 이러한 불안한 상황들을 조금이라도 더 잠재우기 위해서 변화를 추구해보려고 하지만, 상대 동료가 출세하는 것만큼의 남다른 실력을 따라가기에는 역부족이라고 느껴, 부정한 방법을 동원하여 상대 동료의 성과를 깎아내리려 한다. 그러면서 자신(나쁜 사람)과 친분 있는 동료들에게 저 사람은 그와 안면이 있는 사람이 이 회사의 임원으로 배속되어 있다고 거짓소문을 퍼뜨린다. 아마도 배후에서 지지해주는 사람의 도움을 받고, 성공하였다거나 그런 사람들과의 관계가 다 짜고 치는 고스톱이라는 식으로 받아들이게 한다. 사촌이 땅을 사면 배가 아프듯, 내 가까운 주변에 이렇게 잘되고 잘나가는 사람이, 나와 같은 직장에 다니고 있다고 하니, 나쁜 사람의 입장에서는 상대를 저지하고픈 욕망이 강하게 일어날 것이다.

그러나 이와 별개로 아이러니한 것은, 자신과 관련이 있는 인물이 성공해서 잘되는 꼴을 극도로 혐오하고, 그의 행복감을 실추시키기 위해서 떠도는 소문으로 위장하려고 하는데, 정작 자신(나쁜 사람)과는 일면식조차 없는 사람이 뛰어나게 성공하는 것은, 그렇게 큰 위기감도 갖지 않고 "엉! 저런 사람들도 다 성공하네…"라고, 그냥 가볍게 스쳐 지나가는 TV뉴스보도로 인식하고 별 미련을 두지 않는다는 것이다.

하기야, 자기 자신과 가까이 맞닿아있는 게 아닌, 먼 거리에서 성공자가 나타났든, 실패자가 나타났든 자신의 눈으로는 보이지도 않으니 그럴 법도 하다.

모든 성공요인에는 다 그만한 대가의 땀과 노동력이 수반된다. 남으로부터 땅을 사왔으니, 땅을 산 조건으로, 본래의 땅주인에게 얼마치의 돈을 건네주었을 것이 아니겠는가? 설마, 그 돈을 다 공짜로, 일말의 수고로움도 없이 무상으로 취득하였겠는가? 분명, 그러하지는 않을 것이다. 부모 잘 만난 덕, 길운이 끼어있을 수도 있겠지만, 이것들 또한 다 나름의 운명인 것 같다. 여하튼 땅을 사기 위해 그 동안 푼푼이 모은 저축정신과, 남모를 부지런한 노동력이 뒷받침 되었을 것이다. 그리고 정정당당히 노동력을 투자하여 그 노력의 대가로 얼마치의 자금을 모은 뒤, 땅주인으로부터 땅을 취득하였을 것이다. 그리고 그 땅의 임자는, 당연히 땅을 산 당사자의 땅으로 확정되었을 것이다. 그러니, 남으로부터 정정당당히 돈을 주고 구입한 땅은 당연히 그 당사자의 땅이니, 배가 아플 이유가 전혀 없다. 부정으로 획득한 땅이라면 모를까, 그게 아니고서는 절대 나쁜 사람에게 이익도, 손해도 미치지 않고 더군다나, 남이 정당한 노력으로 사고파는 행위를 하였다면 축하해주지 못할망정, 쓸데없이 그 일에 개입해서 기어이 남의 잘된 잔치에 기름을 퍼붓고 불장난하는 모자란 행동을 해야만 하겠냐 이 말이다.

본인(나쁜 사람)도 지금의 이 자리에서 그 얼마든지 승진도 할 수 있고, 자신의 직무를 수행하면서 거기에 따라오는 근로소득도 더 높일 수가 있다. 언제까지나 현재의 직무에 만족하라는 법칙은 존재하지가 않는다. 자신이 현재 맡고 있는 업무를 잘 유지하고, 보다 더 향상시키기 위해서는 앞으로의 과정 하나하나의 불편을 감수하고, 사명정신에 흐트러짐이 없도록 직무만족도에 열을 더 올려야할 것이다.

제5장

무식과 유식의 차이

01
교육수준에 따른 언어의 차이점

    나쁜 사람이 학력 수준이 낮은 층에서만 나타난다는 법칙도 없고, 또 그런다고 학력 수준이 높은 층에서만 나타난다는 법칙도 없지만, 유독 학력 수준이 비교적 열등한 계층에서 사용하는 언어와, 또 학력 수준이 월등한 계층에서 주로 사용하는 언어에는 눈에 띄는 편차가 있다. 학력 수준이 열등한 나쁜 사람 같은 경우, 직장에서 상급자에게 부당한 일을 당했거나 동료나 아랫사람 때문에 자존심 구기는 일을 당했을 때, 자기한테 그렇게 모질게 대하고 상처를 준 사람들에게 바로 아주 극성스런 분노감을 표출하며 살벌한 욕설과 함께 결단적인 각오로 그 당사자가 다시는 일어서지 못하도록, 체면을 깡그리 짓밟아버린다. 너 같은 사람은 그냥 조용히 사라져주는 게, 여기 주변사람들을 위해서도 도움 되는 일이고, 직장분위기도 한층 더 살아날 수 있다고 말이다. 하지만, 학력 수준이 비교적 월등한 나쁜 사람이, 자신의 자존심에 금이 가고 상처받는 일을 당하면, 전자와 같은 악독한 이미지로 무장한 저주스런 언행을 내보일지언정, 그 당사자의 체면까지 완전히 실추시키지는 않는다. 그 당사자의 위상까지 깎아내면서 주변사람들에게 고개도 못 치켜세우게 하는 행위들은 잘 보이지 않는다는 뜻이다.

　적나라하게 표현하자면, 자기에게 무례를 범한 이들을, 아주 포악하게 난동을 피우면서 보복행위를 하기보단, 그 당사자(무례를 범한 이들)의 일처리하는 모습을 어떤 대상과 비유해서 얕잡아보고 깔보는 경향이 짙다는 것이다. 물론 상대방이 받아들이는 충격, 스트레스 비중 등도 한 몫 하겠지만, 학력 수준이 낮은 계층의 나쁜 사람들이 모욕감, 자존심에 먹칠을 당했을 때보다, 학력 수준이 보다 더 높은 계층의 나쁜 사람들이 모욕감, 자존심 상하는 일을 당하고 난 뒤, 그 분풀이를 대면하고 있는 당사자에게 직접 되받아쳤을 때, 그 상대편 당사자가 다시 남들 앞에 당당히 나서서 본래의 주어진 임무에 잘 적응해나가는 회복탄력성이 더 빠르다는 뜻이다. 이렇게 관찰하고 나면, 똑같은 나쁜 사람이어도 교육수준이 열등한 나쁜 사람과 교육수준이 월등한 나쁜 사람들에게는 알게 모르게, 불문율처럼 어떠한 원칙기준이 전제되어있는 것 같기도 하다. 똑같은 굴욕감을 당했어도, 교육수준이 낮은 나쁜 사람에게서 받은 상처가 더 오래 가고, 다시 본래업무에 적응해나가는 기간이 긴 반면에, 교육수준이 높은 나쁜 사람에게서 받은 상처는 비교적 회복하는 속도도 더 빠르고 업무 적응에도 빠른 속도를 보인다면, 두 가지 경우에서의 차이점은 분명 존재한다고 볼 수 있을 것이다.

　물론 교육수준이 열등한 나쁜 사람 같은 경우는, 배움이 부족하다 보니 동료와의 인간관계 형성에 있어서 말이 대체로 또박또박 이어지지 않고 다른 사람과 어떠한 주제로 대화하고 있는 중에, 클래스가 다른 대화 주제에 엮이다 보면 이야기의 흐름이 끊겨, 잠시 머뭇거리는 상황을 연출하게 된다. 이런 모습을 바로 맞은편에서 듣고 있던 상대방도, 그런 상황이 어색해서 불쑥 한 마디 내뱉는데, 그 사소한 말 한 마디가 자기 자신을 못마땅해하고 무시하고 있다는 착각으로 받아들여, 별것도 아닌 일로 일을 크게 만드는 과오를 저지르기도 한다. 그리고 그러한 후유증은 서로간의 긴긴 침묵으로 이어지는 경우도 있고 더러는 난투극으로 전개돼, 긴긴 불씨를 간직한 채 장기간 마음의 문을 닫은 채로 지내는 경우들도 있다. 그렇다고 교육수준이 높은 나쁜 사람이라고 해서 언어구사 실력이 현저히 뛰어나다는 것은 아니다. 다른 사람과 어떤 주제를 놓고 대화하다가 불현듯, 다음에 이야기해야 할 말이 생각나지 않을 때가 있다. 하지만, 그 뒤에 와야 할 단어가 생각나지 않더라도 특유의 넘겨짚는 솜씨가 유달리, 교육수준이 낮은 나쁜 사람하고는 차이가 있는 듯하다. 그리고 바로 앞 맞은편 상대자가 못마땅한 말투로 비아냥거려도, 거기에 즉각 흥분하면서 되받아치기보단, 자기 자신의 기분 상태를 상대방에게 전달하고, 억지를 쓰면서까지 상대방의 체면을 우습게 만들지는 않는다는 뜻이다.

그래서 이것이 우리들에게 시사하는 바가 무엇이고, 교육열이 높고 낮고 간의 차이에 있어서 나쁜 사람의 구분이 무엇이 중요할 것이며 "다 같은 나쁜 사람이면, 다 똑같은 나쁜 사람 아니냐"라고, 의문점을 갖고 나서는 독자 여러분이 많이 있을 것이라 사료된다. 그런데, 본 지은이가 이러한 비슷한 현장들을 보아온 바, 비교적 교육수준이 높은 나쁜 사람이 다른 사람과 어떤 시비가 일어났다고 가정했을 때, 일반인들에 견주어봤을 때 유독 비속어 사용을 대체적으로 자제하는 모습을 엿볼 수가 있었다. 물론, 평소에는 쓸 수도 있을 테지만 피치 못할 상황에 맞닥뜨리게 되면 은근히 비속어를 배제하려는 모습들이 보인다. 비속어를 사용하고 안 하고가 그만큼 큰 문제로 부각되느냐고 반문할 수도 있지만, 비속어 사용여부 하나만으로도 그 사람의 됨됨이를 한눈에 알아볼 수가 있다.

비속어란, 격이 낮고 천한 말이다. 한마디로, 말하는 사람은 잘 느끼지 못하지만 듣는 상대방으로선, 비속어를 들음으로써 찡그린 표정을 짓게 하고, 이미 벌어진 어지러운 사태를 불구덩이 속으로 더 타들어가도록 촉진시키는 작용을 한다. 비속어 사용 자체만으로도 듣는 상대방에게는 심각한 저해요인으로 꼽히고, 냉혹한 적대감은 기분이 언제 풀릴지 알 수 없게 만든다. 이렇게 놓고 보면 비록 나쁜 사람이어도 교육수준이 높고 낮음에 따라서 일정하게 지켜야할 묘한 룰이 정해져 있는 것 같기도 하다. 하지만, 교육수준이 낮은 나쁜 사람이 다른 사람과 불미스러운 마찰이 빚어졌을 때는, 전자의 경우와는 상이하게 비속어 사용이 유난히 더 불거지는 경향이 있다. 그렇지 않아도 서로가 원만한 인간관계를 맺지 못하고 틀어져있는 상황에서, 자기의 부정이 끼어져 있지 않다는 걸, 해명하는 과정에서 이러한 난제를 풀어내려고 노력하는 게 아닌, 오히려 비속어 사용을 남발한다면 이것은 마치, 불이 난 집에 기름을 끼얹는 형상이 되어버린다. 자기 자신은 오로지 순수 결백한 태도로 서로의 엇갈린 문제의 해결 방안을 찾아, 애쓰려는 모습을 보여주려고 시도한다지만 자신의 입에서 이미 터져 나온 비속어가 상대방의 귀를 쫑긋 세우며 깨지게 하고, 자기 자신은 현재의 표준어에 물들어가지 않고 오로지 속된 비속어에 애정을 더 갖고 있다는 인상도 심어주게 됨으로써 보는 이들에게 용서할 수 없는 증오심을 더 연장시키게 해준다.

어쩌면 이들은 학력 수준이 열등한 계층에 속해있으므로, 인성과 대인관계를 형성하는 데 필수적인 요소인 감미로운 언어소통에 대해서 등급이 더 높은 단계로 향상시키는 데에, 접해볼 수 있는 기회가 여의치 않았을지도 모른다. 남들과의 의사소통에 있어 조예가 깊지 않은 언어 사용은 고질적인 병폐만 안겨준다. 직업생활을 하더라도, 낮은 계층에 속해있는 사람들끼리 어울리는 삶을 선택할 확률이 높다. 이미 만성이 되어버린 비속어 사용은, 아마 그 당사자 주위에도 그와 비슷한 부류끼리 섞여 조직문화를 이끌어갈 것이다. 하지만, 언제까지나 그들(학력 수준이 낮은 나쁜 사람)이 품위 없는 말과, 신분이 낮은 사회적 분야에 머물러야 한다고 보지는 않는다. 그들도 지금보다 더 개선된 의사소통 기술을 함양하기 위해서 부단히도 비속어 사용에 심각성을 느끼고 잘 조율해 나간다면, 그보다 더 우수한 수준 높은 반열에 올라설 수도 있다.

이처럼, 직업생활을 하는 데에 있어서 교육수준이 높은 나쁜 사람이 쓰는 언어방식과, 교육수준이 낮은 나쁜 사람이 쓰는 언어방식에는 어딘지 모를, 묘한 차이점의 기류가 흐른다는 걸 보여준다. 하지만, 이런 것들보다는 나쁜 사람들에게 이러한 경시받는 부도덕한 언행으로, 맞은편 상대방이 받는 타격 또한 크다고 볼 수 있다. 부디, 학력 수준, 지위가 높고 천하고를 막론하고 올바른 대인관계를 이루어나가는 데 있어서, 번잡스럽게 비뚤어진 언어사용을 함으로써 상대에게 불손을 끼치는 해로운 행위는 제발, 안 했으면 바란다. 지금 자신들이 하고 있는 분야에서 오랫동안 쭉 안정된 직업생활 유지하기 위해서는 부적합한 언어사용을 자제하자 이 말이다.

02
그 말 한국말 맞아?

　우리들은 직업생활을 해 나감과 동시에, 같은 부문에 근무하는 직장 동료와 서로 의견을 전달하고, 조직공동체 속에서 사명감을 갖고 주어진 일을 잘 끝마쳐야 퇴근도 할 수 있고, 고로 회사 또한 정상적으로 잘 돌아갈 수 있다. 그런데, 나쁜 사람들은 같은 부문에서 함께 일하는 직장동료와 어떠한 주제를 놓고 대화하던 중, 상대 동료가 나쁜 사람에게 몹시 불쾌한 말을 하거나, 전혀 해치려는 이야기를 하지 않았는데도, 나쁜 사람은 자기가 단지 그 말뜻을 알아듣지 못한다는 이유로 상대 동료에게 무례한 태도로 매우 껄끄럽게 대한다. 특히나 학력 수준이 낮은 계층에서 보다 심하게 나타난다. 나쁜 사람은 상대 동료와 대화 도중, 상대 동료가 흔히 일상생활에서 두루 사용하는 일반적인 언어와는 달리, 전문적인 용어가 섞인 언어라든가, 무언가 세련된 지적인 교양미가 묻어나오는 예스러운 말들을 자꾸 연이어 쏟아내면, 갑자기 시무룩하여 정색한 태도로 상대 동료를 물끄러미 바라보거나 아니면 무척이나 찡그린 표정으로 반감하고 그 자리에서 화를 내며 돌변한다.

세상만사 아무리 불공정한 일들이 튀어져 나오고, 난해하기 어려운 문제들이 여기저기에서 속속들이 불거져 나와도, 상대방은 아무런 불평불만 없이, 남을 시기하고 얕잡아보려는 마음 없이 그저 자기의 의견대로 이야기했을 뿐인데, 하물며 마주보고 있는 상대방이 갑자기 표정이 붉어지면서 무섭게 노려보고 있으면 이거 어디 떨리고 불안해서, 무슨 말이라도 감히 물어보고 싶은 마음이 들 것이며 또 같은 회사에서, 그것도 똑같은 파트에서 서로 협력하고 업무를 진행시키는 게 제대로 성사될 수 있겠냐 이 말이다. 어쩌면 나쁜 사람은 평소에 이런 고급스런 예법을 갖춘 화려한 뉘앙스가 풍기는 언어들을 잘 들어보지 못했거나 또 그렇게 우아하고 세련된 단어들을 자유자재로 구사하는 박학다식한 사람을 접해볼 기회가 생기지 않았다거나, 혹은 본인의 여력이 못 미쳐, 배움에 대한 도전의욕을 꺾어버렸을지도 모른다. 그렇기에, 그러한 대화들이 오고가며 마주치는 상황에서 부득이하게 불편한 심기를 드러내며 화를 내면서까지 상대 동료에게 말 걸기 두려운 존재, 못된 사람 이미지를 좀 더 부각시키며 굳이 안 좋은 인상을 심어주려고 했으니 말이다.

그리고 나쁜 사람은 상대 동료가 그렇게 전달한 말의 요지를 얼른 잘 헤아리지 못해, 상대 동료가 방금 말한 현 대화 주제에서 오히려 확 벗어나는 전혀 상반된 질문으로 되물어본다. "원래, 말을 소심하게 하세요?", "원래, 말을 자신 없게 하세요?", "이런 일, 하고 싶은 생각은 있으세요?", "그래서 결론이 뭔데요?", "그게 뭔 말이에요?", "지금, 무슨 말씀 하시는 거예요?"라든가, 아니면 상대 동료의 이야기가 끝나기가 무섭게 "아니…" 라고, 부정하는 말 시작과 함께 딱 자르고 상대 동료가 말한 주제와는 판이하게 다른 자기만의 의사소통 방식으로 주제를 맞추어나간다. 나쁜 사람은 상대 동료가 이야기한 말의 뜻이 무엇을 의미하는지 분석하지 못할 뿐더러, 또 본인이 그 상황에서 얼른 쉽게 그에 맞는 적절한 답변을 내놓기에도 실로 고민이었을 것이라고 여겨진다.

하기야, 본인(나쁜 사람)이 알고 있는 지식의 한도 내에서 참, 무어라고 적절하게 꺼내 쓸 단어들은 도통 떠오르지가 않으니, 기존의 자기가 평상시 사용하던 케케묵은 의사소통 방식대로 조치를 취하기 더 하겠는가? 가령, 어떤 물건을 수리할 때, 연장(도구)을 이용하여 수리해내듯, 자기에게 잘 맞는 연장이 있듯이 자신이 가장 다루기 좋아하는, 자기에게 가장 잘 맞는 의사전달 방법으로 길들여졌을 테니 말이다. 나쁜 사람들에게는 이러한 품위가 갖추어진 이야기들이 이들에게는 자꾸만 더 멀어져만 보일까? 그도 그럴 것이, 나쁜 사람들이 본 현업에서 자리 잡고 있는 위치도 어떤 품목의 계산공정이 들어가는 작업이거나, 서류형식의 PC 문서작업, 종이기록으로 보편화된 업무형태 등이 아니고, 그냥 단순히 힘만 쓰는 육체적 노동력이 꽤나 심한 업무에 종사한다면, 특히나 이들(나쁜 사람)에게는 이러한 교양 있는 대화들이 자신들에게는 왠지 이해 불가능한 영역에 속해있을지도 모른다. 왜냐하면, 이들에게는 본 업무 외에 굳이 이 일과 상이하는 주어진 업무가 별도로 없기 때문에 단순히 돈만 벌면 그만이라는, 고정관념이 주를 이루기 때문이다.

또한, 이 나쁜 사람들은 그 동안 자신과 맞는 스타일의, 성격에 맞는 부류의 계층들과 주로 인간관계를 형성해왔기 때문에 이렇게 여타 지극히 상냥한 태도에 TV방송에 출연하는 시사평론가처럼, 휘황찬란한 전문용어들을 폭포수 떨어지듯, 시원스럽게 막힘없이 똑 부러지게 구사하며 말을 걸어오는 상대 동료와, 이런 식의 대화패턴에 장단을 맞추어 말을 뒤섞으면서 주거니 받거니 달변가다운 의견교환을 한다고 보기에는 무언가, 난색한 표정으로 어색한 반응을 보이며 이런 상황을 무마하기 일쑤일 것이다. 이런 상황을 초기에 곧바로 응수해, 대응태세를 갖추려 하는 자세도 미흡할 것이며 또 귀담아 들어줄 만한 것과는 달리, 예상 밖의 일에, 자신의 어법과도 확연히 대조적인 차이를 보이고 있어, 바로 마주보고 있는 상대 동료를 의문시하며 한동안 어리둥절한 모습을 자아낼 것이다. 그렇다고, 상대 동료가 알파벳이 섞인 영어를 구사하며, 대화를 한 건 더더욱 아니기에, 어디까지나 대한민국에 존재하는 대한민국 고유의 언어로써 유창하게 구사한 것뿐이니, 지금 이곳의 회사근무 원칙에 저촉되는 금지행위 기법은 더더구나 아닐 것이다. "당신! 지금, 우리 회사에서 그렇게 등급 높은, 상당히 고귀하고 공손스러운 대화방법을 사용한다면, 근무태도에서 감점 받고 처벌받는다는 것을 모르는가?"라고, 이런 규율을 적용하고 또 억지로 우기기에도 말이 되지 않으니 말이다.

그런데, 이렇게 나쁜 사람을 향하여 위해를 가한다거나 비뚤어진 앙심을 심어주려는 의도로 말을 하지 않았는데도 불구하고, 나쁜 사람은 도리어 상대방의 이야기를 구닥다리 존재로 취급해버리고, 괜한 위화감을 조성시키는 사람으로 간주하고 버럭, 찌푸린 인상으로 대하니 나쁜 사람 이미지에서 쉽게 탈피할 수 있겠냐 이 말이다. 암만, 일의 강도가 과격하고, 육체적 노동을 반복적으로 실행하는 직무에 종사하여도 이야기하는 상대 동료를 증오에 찬 불쾌한 표정으로 바라보지 않고, 그냥 그 자리에서 잘 들어주고 있기만 해도 "나쁜 사람이다"라는 말은, 피해갈 수 있을 것이다. 나쁜 사람에게는 단지 이런 말들이 생전에 잘 접해보지 못했다거나, 또 본인은 그렇게 배워서 익혀볼 좋은 기회가 없어서 이러한 말의 요지와 맥락을 잘 파악하지 못하는 점도 있겠지만, 나쁜 사람의 또 다른 시각으로 바라보는 관점은 "아니, 쉽게 말하면 될 일 가지고, 뭐하려고 저렇게 억지로 굳이 어렵게 말을 할까?"라고, 상대편 동료의 말하는 방법에 거부감을 갖고 공연스레 자신의 방식대로 조절하고픈 충동을 느꼈을지도 모른다. 하물며, 저렇게 말을 품위 있게 한다고 하여, 여기에서 일하는 사람들이 모두 기분 좋게 받아들일 것이라고 생각하지 않고, 오히려 소심한 사람, 이 회사와는 왠지 어울리지 않는 업종선택 오류자, 또는 이런 분야에서 경험이 전무한 풋내기, 심지어는 돌멩이 같은 아이로 비유하면서 비춰질 것이라고 생각할 것이다.

나쁜 사람은 새로운 신입사원이 일하러 들어왔을 때, 그 입사한 신입사원의 학력 수준 정도가 어느 정도인지, 미리 예상해서 가늠해 본다거나, 관심을 갖고 있다는 건 실로 상상할 수 없을 정도로 신입사원이 이 직장에 오로지 일을 하기 위해서 들어왔다는 틀에 박힌 고정관념으로, 자기 기준으로만 바라본다는 게 이들(나쁜 사람)이 갖고 있는 하나의 공통된 평가이기도 하다. 하기야, 교육수준이 높은 분야 쪽에서도 신규사원을 맞아들일 때, 그 신규사원의 보고 배운 학식 수준 정도가 어느 정도인지 구체적으로 집요하게 따져 묻기까지야 하지는 않겠지만, 그러한 수준 높은 직장에서 근무할 수 있는 자격조건이 까다로운 만큼, 면접과정에서 드러난 윤곽과 이런 분야에 관련된 기술, 풍부한 지식이 필요함으로 기본적인 생각은 가지고 있을 것이라고 본다. 고로, 나쁜 사람은 새로운 신규사원이, 학력 수준이 비교적 열등한 직장에 들어온 이상, 자기들 눈에 비치는 시선으로만 바라보고 오로지 자기들 수준으로만 평가하기에, 학력 수준이 높은 사람이 볼 때나, 사람이 많이 모여 있는 자리에는 웬만하면 피하려고 하는 인간관계에 어려움을 겪는 사람, 또는 숫기가 없어서 말수가 극히 적은 사람, 줏대 없는 사람이 보기에는 왠지 이들(나쁜 사람)과 코드가 맞지 않는다고 여겨질 수 있다.

　광범위한 직업세계에서 직업의 천하고 귀함이 무슨 상관이겠는가? 타인이 내 직업과 연관 지어, 우습게 대하지 않고 예절 바르게, 상대를 깔보는 표정으로 바라보지 않고 말을 했다면, 내게는 손해 보는 것도 아니요, 저축통장에서 내 돈이 출금되어 통장잔고가 감액되는 것도 아닌, 더더구나 나 자신을 기죽여 곤경에 빠뜨리고 나로 하여금 위용을 세우고 승승장구하려는 속셈도 아닐 것이다. 하다못해, 자연스러운 분위기속에서 상대방으로선 그저 해야 할 말들을 상냥한 태도로 구구절절 했을 뿐인데, 필시 이러한 모양새도 회사방침 상 특별 결격사유에 해당하는 규칙이란 말인가? 그냥 그 자리에서 상대편 동료가 들려주는 말뜻이 어떤 내용을 의미하는지 자세히 분석하여 알아낼 수 없다면 그냥 침묵하여도 된다. 아니면 고개만 흔들어도 된다. 그렇다고 해서 물어본 당사자가, "아! 이 사람아! 사람이, 묻는 말에 무슨 대꾸라도 해야 할 것 아냐!"라고, 고래고래 소리부터 먼저 질러, 싸잡아 비난하진 않을 것이다. 즉, 이렇게만 나와도 나쁜 사람 이미지는 탈피할 수 있다는 이 얘기다. 조금은 무뚝뚝하고 불친절하게 보이겠지만 말이다.

부디, 이제부터라도 내 스스로가 남의 말을 못 알아듣거나 귀담아 듣기 싫은 거북한 말이라 할지라도, 우수에 찬 편향된 시각으로 상대를 바라보지 말자. 나긋나긋하게 조금만 더 참고, 상대의 말에 귀 기울여 보자. 이러한 조그만 행동으로 인해 나쁜 사람이라는 꼬리표를 지워버릴 보람된 효과, 찾아오지 않는다고 그 누가 그러겠는가?

03
배워서 남 주냐?

    이 세상에는 과연 나쁜 사람들이 더 많을까, 아니면 착한 사람들이 더 많이 있을까? 아마, 밑도 끝도 없는, 한도 끝도 없는 무의미한 질문일 것이다. 현재 파악된 나쁜 사람들의 현황자료도 없을 뿐더러, 착한 사람들의 통계숫자도 존재하지 않을 것이다. 지금 이 시간에도 착한 사람, 나쁜 사람의 증가, 감소는 계속해서 일어날 것이며 상황에 따라서 삶의 중요성을 잃은 채 나쁜 사람으로 변모할 수도 있고 어떠한 동기로 말미암아, 지난날의 잘못을 회개하고 착한 사람으로 바뀔 수도 있기 때문이다. 또한 피해자가 나쁜 사람에게 상처받은 피해강도를 정확히 측정해, 나쁜 사람으로 규명해야 할지, 아닐지도 확실히 판가름하기 어렵다. 그러면 이들은 왜, 무엇 때문에 상대편에 좋지 않은 이미지를 심어주면서까지 나쁜 사람의 길을 가려 하는 것일까? 그렇게 나쁜 사람 흉내를 잘 내면 직장에서 심야수당을 더 준다든가, 아니면 위화감조성 수당을 더 얹어준다든가, 그것도 아니라면 나 홀로 파뿌리 될 때까지 무법자 특별보너스 수당을, 자신들이 다니고 있는 직장에서 더 내어준다고 약조로 받은 확인서라도 소지하고 있다는 말인가?

단언컨대, 이런 것들은 전부 다 어불성설에 불과할 것이다. 오히려 이런 것들보다는, 직장에서 마이너스 감점요소에, 근무태도 불량, 경고 조치를 받을 만한 손해가 자기 자신에게 끼친다. 그런데도 이들이 끈질기게 고집을 부리면서 나쁜 사람 행세를 계속 유지하고 있는 것은 직장에서도 인력공급부족을 이유로, 이 업무를 책임지고 맡아서 할 마땅한 대체자가 없다거나 이러한 불량스러운 행위들이 발생해도, 사건을 더 크게 부각시키지 않고 은폐시키거나, 조용히 덮어놓고 무마하기 일쑤일 것이다. 더 이상 사건을 더 부풀려봐야 그 조직, 그 회사의 이미지만 더 안 좋게 소문이 날 것이라 생각하기 때문이다. 더군다나, 그 조직의, 그 회사의 직원들을 잘 다스려야 할 상급자가 혹은, 이보다 더 높은 최고책임자부터 나쁜 사람과 같은 일심동체 마인드를 가지고 있고, 눈 가리고 아웅하는 식으로 나오니, 나쁜 사람들의 오만방자함은 날이 갈수록 더 횡포해지고 무례하게 불타고 있는 성질을 누그러뜨려야 할 이유도 찾지 않을 것이다. 자신들(나쁜 사람)의 곁에는 언제나 해고시키지 않고, 매달 월급을 척척 입금시켜주는 회사와, 든든한 조력자가 떡하니, 버티고 서 있으니 말이다. 그리고 자신들(나쁜 사람)이 맡고 있는 업무를 장기간 익숙하게 근무하면서 책임져줄 신규 대체근무자도 들어오지도 않는 그러한 조직 분위기라면, 자신들의 역량을 믿고 과대평가하면서 새로운 신규사원이 매번 들어와도, 무식한 태도에 겸손함을 잃은 채, 안하무인으로 그 언제나 한결같은 격식으로 대할 것이다. 아는 것과 모르는 것의 차이점을 밝혀보려고 노력하지도 않은 채, 하위집단에 속해있어도 오로지 자신의 현 직업은 "철밥통일 것이다"라고, 여기며 만족한 채 부드러운 의사소통과는 담을 쌓으며 살아가려 할 것이다.

어쩌면, 나쁜 사람은 이 배움을 통해서도 진정 자신은 나아질 것이 없다고 판단할 것이다. 암만, 예의범절을 배워봐야 문외한인 사람한테는 절대로 해당사항이 되지 않는, 4년제 교육훈련기관에서 학문수양을 지독히 한다거나, 퍼스널 멘토링을 지도받는다 해도 자신은 그걸 배운다고 해서 슬기롭고 지혜롭게 곱디고운 미사여구를 자유자재로 뽑내고 구사할 턱이 없다고 한 마디로 단정 지을 것이고, 본인 또한 그렇게 달라질 것이라고 보지 않기 때문에 이들에게 이렇게 권유하는 것이, 도리어 나쁜 사람의 결점을 문제시하고, 하기 싫은 일을 억지로 강요하는 것처럼 오해할 수도 있어, 오히려 역효과를 불러오기도 한다. 나쁜 사람으로서는 지금 그런 인성교육을 받아봐야 돈 들어오는 건 아무것도 없고, 지금 이 나이에 배워봐야 아무 쓸모도 없고, 나는 나대로 떳떳하게 법 준수하며 월급 받고 살림을 꾸려나가는 데 마땅히 주어진 구실을 다 한다고 자신의 자존심을 더 추켜세울 것이다. 차라리 그럴 바에야, 그런 인성교육을 받을 시간에, 연장잔업 2시간을 더 해서 잔업 수당을 두둑이 챙기는 게 더 나을 것이라고 보기도 할 것이다.

그렇게 예의범절을 위해서 굳이 꼭 인격수양 교육이야, 받지 않아도 문제될 건 없다고 쳐도, 이것이 정의롭게 살아가는 참다운 동료직원에게 압박을 가하는 스트레스 요인이 된다면 허심탄회하게 지도자와 논의 하에, 자문을 받고 교양을 습득해, 전과는 다른 품행을 선보이는 사람으로 거듭나야 될 필요성도 있지 않을까 싶다. "너! 아무 잘못도 없는 사람, 못살게 괴롭혔으니 벌금 부과해!", "벌칙으로 당신, 6개월 회사출근 정지"라는 근무규칙도 없으니, 판치고 스스럼없이 망나니 행동하면서 아무런 죄 없이 묵묵히 근무하는 동료직원을 두려움에 벌벌 떨게 하고 공포의 도가니로 몰고 가는 것이 아니겠는가?

　묵묵히 일하는 주변 동료가 나쁜 사람에게 별다른 피해를 끼치지 않았다면, 그들을 괴롭혀야 할 근거, 결코 성립되지 않는다. 그들도 그들 나름대로 자기들의 가정을 위해서, 피치 못할 사정으로 여타 그 누구를 위하여, 혹은 자신의 입에 풀칠이라도 하기 위하여 매일같이 출근 도장을 찍고, 근무가 벅차고 피로해도 절실한 마음으로 매달리면서 생계를 이어나갈 것이다. 그런데, 이러한 동료사원의 죄질 없는 참다운 모습을 보고도 마냥, 건드리고 싶은 불량스러운 욕망에 사로잡혀, 이들에게 정신적으로 해로운 스트레스까지 안겨준다면 이 순수한 동료 사원에게 이중, 삼중으로 벗어나기 힘든 감옥생활을 하는 것과도 같이 만들 것이다. 인생을 살아오면서 사회적 약자와 같은, 피해자의 마음과 같은 이러한 고민들, 어디 역지사지로 생각이라도 해보았는가? 피해 당사자의 마음, 시꺼멓게 타들어간다. 당신이 톡톡 내뱉는 악귀와도 같은 효과음에 바로 가까이에서 근무하는 상대편 동료의 가슴, 썩어문드러진다. 맹독을 뿜고 있는 한 마리의 독사가 매우 사나운 눈초리로 인상 쓰듯, 비방, 비웃음으로 똘똘 뭉친 당신의 억척스럽고도 극성스런 광기어린 기괴한 형상에 어쩌면 상대편 동료 근무자, 그 자리에서 심장병으로 돌연사할지도 모른다. 혹은, 앰뷸런스에 실려 병원의 응급실에서 매우 위독한 상태로 삶과 죽음의 문턱에서 팽팽히 맞선채, 줄다리기를 해야 할 수도 있다. 당신 자신(나쁜 사람)은, 끝까지 "폭력을 구사하지도 않았는데……." 라며, 오리발 내밀기 작전으로 버티려고 용을 쓰겠지만, 당신의 말 한마디 조롱하는 무자비한 언어에 상대 동료의 몸 구석구석, 만병의 근원, 스트레스는 더욱더 깊숙이 뿌리내려 번져나갈 것이다.

　그래도 당신(나쁜 사람)은, 내 눈으로 스트레스가 번져가는 속도와 모습이 보이지가 않으니 변함없이 위풍당당하게 행동하겠지만, 착각은 금물이라는 걸 명심해야 할 것이다. 진정, 지금 이 시간에도 같은 직장의 나쁜 사람에게 괴롭힘을 당하고 있는 동료의 마음은 정말 괴롭다. 자기 눈으로 사실을 보고도 인정하지 않고 느끼지 않는다면, 자기 손으로 직접 자기 팔을 세게 꼬집어보라. 꽤나 아프다. 이러면, 어때 좀 실감나는가? 이렇듯, 분명 마찬가지로 당신들이 건드린 상대 동료의 마음 한 구석도 응어리진 답답함으로 병상에 누워있기 일보직전일 것이다. 하물며, 상대 동료를 이렇게 못살게 짓눌러놓고도 지난날에 대해서 회개와 반성의 기미를 못 보이겠는가? 시간을 거슬러 요람기 때, 부모와의 애착관계에 금이 갔다거나, 부모의 변덕스런 육아방식으로 괴리감을 느껴 잘못된 길로 탈선하였다면, 지금이라도 각성하고 남에게 누가 되지 않는 품성을 쌓고 길러라. 언제까지나 마냥, 부모에게 그 책임을 지게 할 수는 없지 않겠는가? 당신이 스무 살이 되고, 성인이 되었다면 그 정도의 판단은 내릴 수 있을 것이라고 본다.

　최소한 당신과 같이 함께 근무하는 공간에서 똑같은 유니폼을 입고, 똑같은 식당에서 맛있는 음식을 섭취하며 주어진 임무에 맞게 이 직장을 위해서 일을 한다면, 옆 동료직원과 해맑은 기분으로 화합을 다지면서 살아나가야지, 직장 내 물의를 일으켜 다른 직원이 불안에 시달린다면 서로 득이 될 것도 없고 남는 것도 없을 것이다. 아울러, 당신(나쁜 사람)과 뜻을 동조했던 당신과 친분이 있는 친한 동료도 언젠가는 당신의 그러한 행실을 모방해, 막다른 궁지에 몰리면 은밀하게 움직이면서 이기주의로 돌아설 날이 틀림없이 올 것이다. 그러니, 지금이라도 서둘러 마음을 바로잡고자 노력한다면, 당신 또한 선량한 사람으로 바뀔 수 있다. 자타가 공인하는 그러한 행실 바른 사람으로 거듭난다고 해서, 그 누가 당신에게 고함을 지르며 욕설하고 돌멩이를 던지지는 않는다. 다른 사람에게 해를 끼치지 않고 기존의 나쁜 사람 이미지에서 벗어난 티를 보여준다면, 그 까짓 기립박수라도 못 쳐주겠는가? 당신도 할 수 있다는 그 굳은 결의로 증거를 보여주었다면, 마땅히 그에 상응하는 대접, 받을 수 있다. 바라보건대, 광범위한 노동의 세계를 아우르는 그 모든 산업현장에서 더 이상 이와 같은 나쁜 사람들이 버젓이 활개치고 다니는 모습들은 이제는 제발 보지 않았으면 한다.

본 저자 또한, 그러한 피해자 시절이 있었지만 말이다. 지금도 그들(나쁜 사람들)에게서, 그들로 하여금 타락과 굴욕감에 찌들려, 절규와 씨름하는 선량한 이들의 한이 서린 모습들은 보고 싶지가 않다. 본 저자의 마음도 지금 삶의 터전 그 어디에선가 신음소리에 가슴아파하는 가련한 우리 근로자들이 부도덕한 이들에게 무릎을 꿇고 그곳에 오래 적응하지 못한 채로, 어쩔 수 없이 그 노동현장에서 나와, 거리를 전전하며 오갈 데 없는 처지에 휩싸이는 장면은 떠올리고 싶지 않다. 다시 또 새로운 직장에 들어간다 해도, 그곳만의 통과절차가 꽤나 까다롭기도 하겠지만 말이다.

부디, 앞으로 닥쳐올 미래근로 사회에는 이런 죄 없는 우리 근로자들이 부정한 무리의 나쁜 사람들에게 핍박당하는 현장이 나타나는 게 아닌, 진성보배와도 같은 근로자들이 어서어서 속출하는 아름다운 근로 세상이 다가오기를 바라보면서 길고 길었던 이 글의 마침표를 찍어본다.

근로현장에서의 **나쁜 사람** 구별하는 방법

저   자 이석호

1판 1쇄 발행 2020년 7월 7일

저작권자 이석호

발 행 처 하움출판사
발 행 인 문현광
편   집 이정노
주   소 전라북도 군산시 축동안3길 20, 2층 하움출판사
I S B N 979-11-6440-164-2

홈페이지 http://haum.kr/
이 메 일 haum1000@naver.com

좋은 책을 만들겠습니다.
하움출판사는 독자 여러분의 의견에 항상 귀 기울이고 있습니다.

이 도서의 국립중앙도서관 출판예정도서목록(CIP)은 서지정보유통지원시스템 홈페이지(http://seoji.nl.go.kr)와
국가자료종합목록 구축시스템(http://kolis-net.nl.go.kr)에서 이용하실 수 있습니다. (CIP제어번호 : CIP2020027146)